受け継ぎたいレセピ

祖母や母に学び、世代を越えて喜ばれる味

野村紘子

はじめに

私は、肩書を聞かれると、料理が大好きな主婦と答えます。

料理は、誰でも、特別な資格がなくても、相手を思い気持ちを込めて作れば和や輪を広げ、人を幸せにする力を持っています。ですから私は料理が大好きです。もちろん食べることも！

この本に載せた料理は、50年以上作り続けてきた中で「おいしい」「作り方を教えて」と喜ばれたものばかりです。私は自分がおいしいと思った料理を人に食べてもらいたい、それを喜んでいただけたら嬉しいと思ってきました。そしてそんな料理のおかげで、主婦として一人で作っていたものが、一人、二人と人を呼び、やがて小さな教室となってたくさんの友人に囲まれるようになりました。

おいしい料理には､国境も年齢もなく人が集まるものです。本書を手に取っていただき「おいしそう！」と思った料理をぜひ作ってみてください。この本はそのための一冊です。中に込められている石黒先生や祖母、母の料理作りの思いが読者の皆さんに引き継がれ、そこからまた新たな「おいしい記憶」が生まれていったら、こんなに嬉しいことはありません。

料理は、作る人と食べる人が喜びと幸せを共有できるもの。

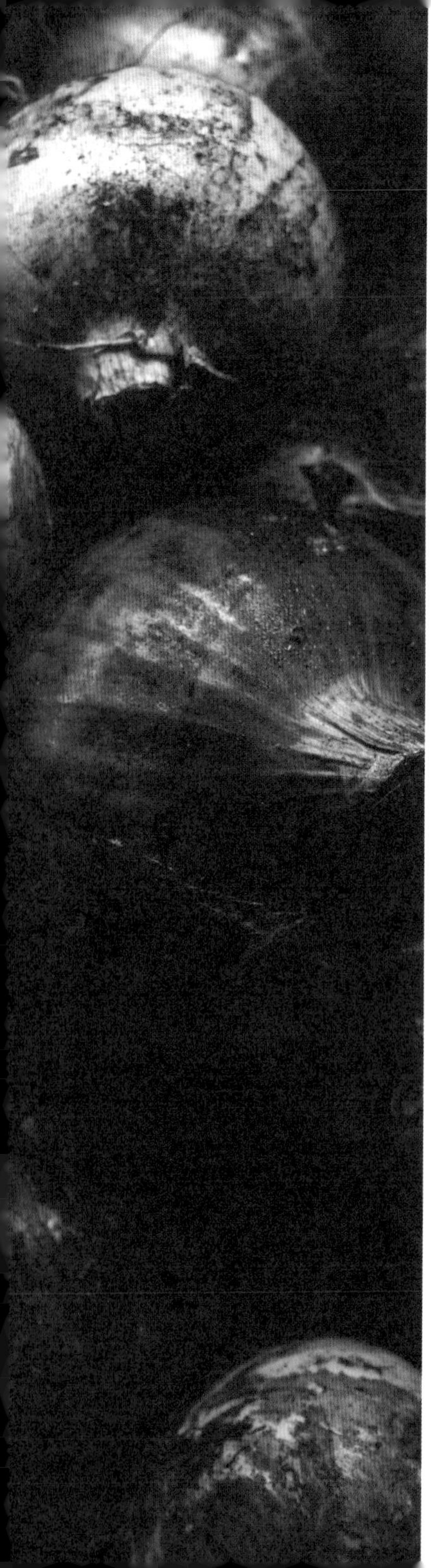

料理をする上で大切にしている5つのこと。

1 見えないところにひと手間かけて

2 心を込めて、でもさり気なく

3 食べる人と食材への思いやり

4 季節を大切に、旬のものを使う

5 食材をむだなく

フランスですてきな女性と言われる5つの条件は、

「**gentille**（やさしい）」

「**sympathique**（感じがいい）」

「**elegante**（上品、優雅）」

「**intelligente**（聡明、理知的）」

「**charmante**（魅力的）」

だそうですが、

私ならここに、「料理上手」を加えます。

目次

第1章

石黒先生のレセピより

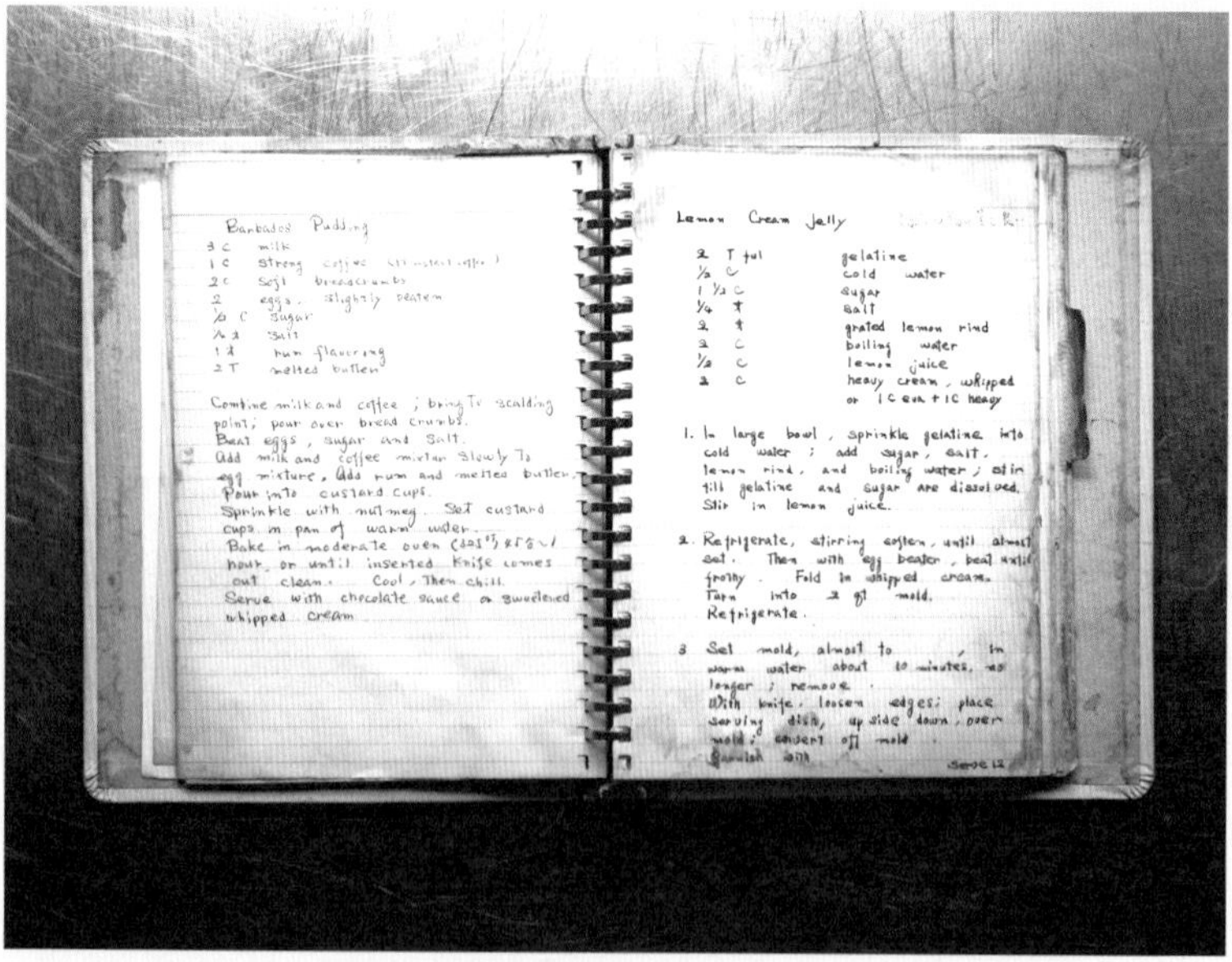

石黒先生のお稽古に通っていたときの手書きのレセピノート。

石黒勝代先生は、学生のときに初めて習った料理の先生です。まだ自由に海外に行き来できなかった時代、ご主人の仕事で長年海外生活をしていらした先生は、帰国後、青山のご自宅で西洋家庭料理を教えていらっしゃいました。上皇后さまもご成婚前に習われて、今でも先生のレセピのひとつ、コンソメをお見舞いなどにお届けになっていらっしゃると伺っています。

お稽古は、まだコピー機などなかった時代、手書きの英語のレセピを各自のノートに書き写すところから始まります。先生はレシピではなくレセピとおっしゃっていたので、私は今でもレセピという言葉を使っています。教えてくださるのは目新しいメニューが多く、当時としては珍しいルバーブやグラハムクラッカーなどの食材は新鮮な驚きでした。そして料理ができあがるとみんなでテーブルを囲み、先生のお話を伺いながらの食事。家庭的な雰囲気のお稽古でした。次はどんな料理かしらと毎回楽しみに通っていました。

先生は凛としていながらも温かみのある、料理家としても、一人の女性としても心から尊敬できる方でした。こうして50年以上にわたり、先生のレセピを作り続けてきてわかることは、家庭料理の温かさと、それを伝えようとされた先生の思いです。今までいろいろな先生やシェフに料理を習ってきましたが、私の料理の原点は石黒先生です。

コンソメ

石黒先生の料理の中でとても印象深いのがコンソメ。
牛肉と野菜のうまみが凝縮した滋味豊かなスープです。
卵白と卵の殻を加えることでアクがしっかり固まり、
くせのない澄んだスープになります。
暑い時季には、ゆるめのゼリーにすると口当たりがよく、
体力の落ちた方にも飲んでいただけます。

材料（4〜6人分）
牛すね肉　600g
玉ねぎ（小）
　1個（約100g）
にんじん　½本
セロリ　½本
卵白と卵の殻　2個分
ローリエ　1枚
白粒こしょう　6粒
水　8カップ
A
シェリー酒　小さじ2
塩　小さじ1
レモン汁　小さじ2
しょうゆ　少々

牛肉は脂が少ないすね肉の、新鮮なものを選びます。
こんなにたくさん、と思えるほどのお肉。
この栄養とうまみがスープに溶け込んでいます。

作り方

1　牛すね肉は余分な脂を取り除き、細切りにする。玉ねぎは縦半分に切り、繊維にそって薄切りにする。にんじん、セロリは3㎜の薄切りにする。

2　深鍋に1、卵白、軽く砕いた卵の殻を入れ、手でもみ込むようにしてよく混ぜ合わせる。

3　2を手で混ぜながら水8カップを少しずつ加え、半分に折ったローリエ、白粒こしょうを加える。

4　3を強火にかけ、木べらで底からゆっくり絶えずかき混ぜる。卵白がアクを包み込んで表面に浮き上がってきたらかき混ぜるのをやめて弱火にし、フツフツと煮立つ状態を保ちながら、1時間煮る。

5　上に浮いたアクを穴あきレードルでざっと取り除き、布巾かペーパータオルをのせたざるでスープを漉す。

6　鍋に5を入れて弱火にかけ、Aを加えて味を調える。

＊　アクが浮き上がってきたら絶対に混ぜないこと。アクの膜の下で、澄んだスープが静かに沸いている状態を保ちます。最終的にスープの量は半量ぐらいになります。

チーズフォンデュ

石黒先生に習ってから、50年以上作り続けているレセピです。
チーズにホワイトソースを合わせるので、
本場のチーズフォンデュよりも軽く、やさしい味。
具材をいろいろとアレンジすると楽しく盛り上がります。

材料(作りやすい分量)
グリュイエールチーズ(すりおろす) 100g
白ワイン ½カップ
ホワイトソース
─バター 60g
─薄力粉 大さじ3
─牛乳(温める) 2カップ
塩、白こしょう 各適宜
フランスパン、好みの野菜など 各適宜

作り方

1　ホワイトソースを作る。厚手の小鍋を弱火にかけてバターを溶かし、薄力粉を加えて木べらで混ぜながら、焦がさないようにしっかりと火を入れる。温めた牛乳を少しずつ加えてよく混ぜ、なめらかになるまでよく加熱する。

2　1に白ワインを加えてさらによく混ぜ、グリュイエールチーズを加え、塩、白こしょうで味を調える。

3　ひと口大に切ったフランスパン、ゆでたじゃがいも、かためにゆでたカリフラワーやブロッコリーなどを添える。

＊　チーズはエメンタールでも、グリュイエールと半々にするなどお好みで。

＊　小さなお子さんには、うずらの卵やカクテルウィンナーもおすすめ。白ワインを牛乳に変更しても。

〈残ったフォンデュソースで作るアレンジ料理〉

野菜のグラタン

残った野菜にフォンデュソースをかけ、パン粉とパルメザンチーズをふり、オーブンでこんがり焼く。

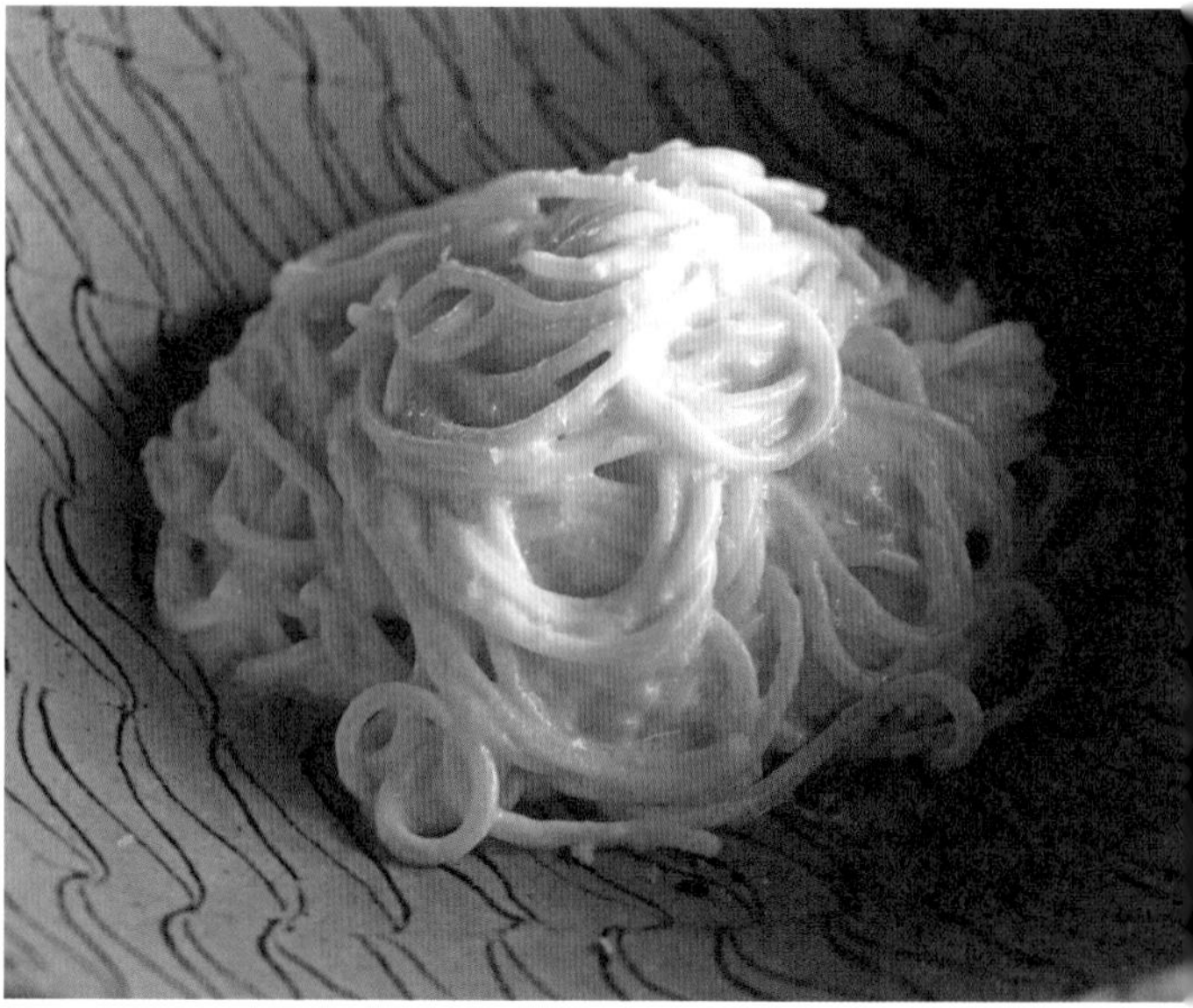

レモンのクリームパスタ

フォンデュソースにレモン汁とレモンの皮のすりおろしを加え、パスタにからめる。塩、こしょうで味を調えて。

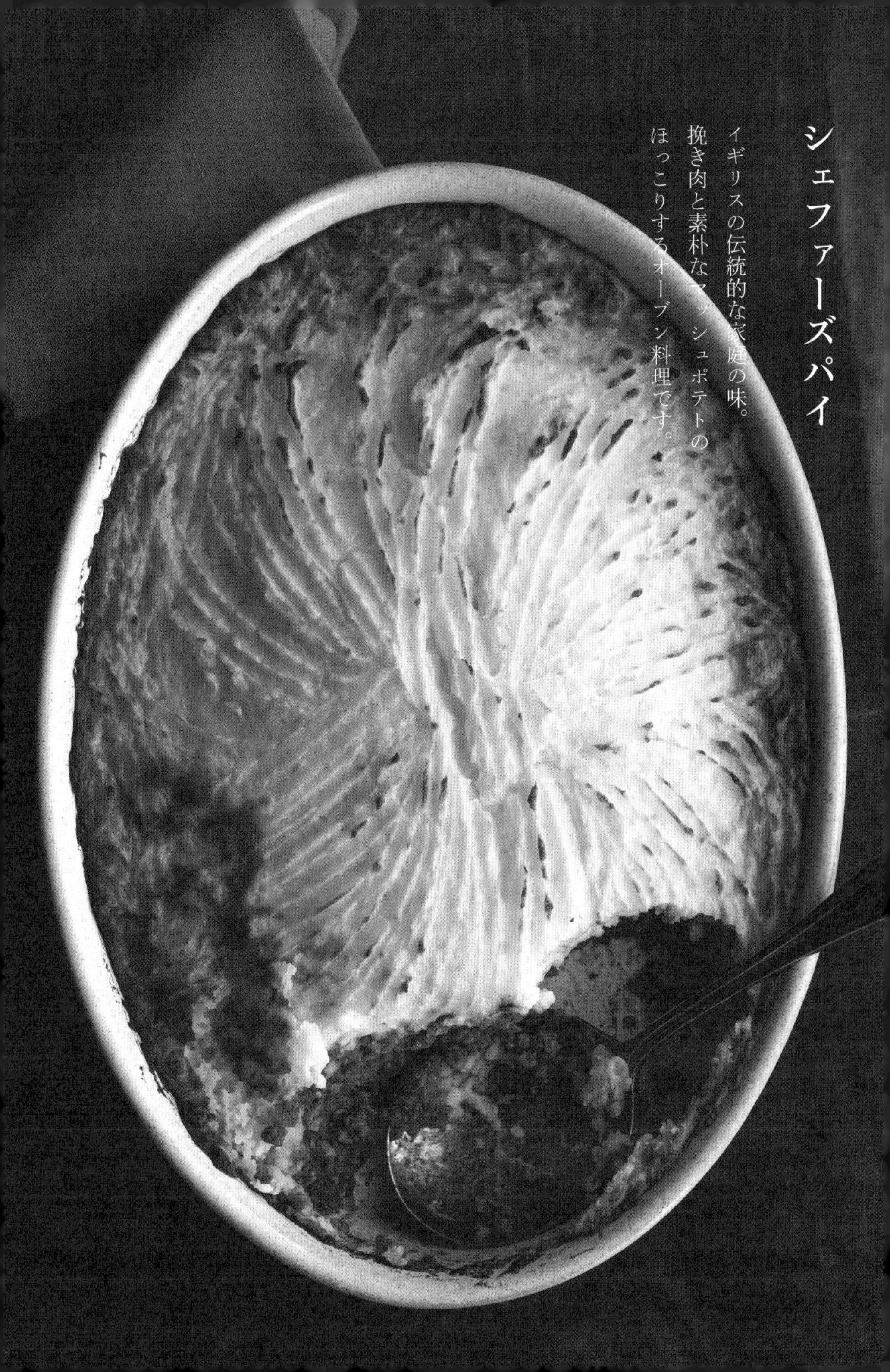

シェファーズパイ

イギリスの伝統的な家庭の味。
挽き肉と素朴なマッシュポテトの
ほっこりするオーブン料理です。

材料（5～6人分）

牛挽き肉　400g

（塩　小さじ1½）

玉ねぎ　1個

にんじん　1本

マッシュルーム　6個

にんにく　1かけ

A

ドゥミグラスソース

½カップ

トマトピューレ　½カップ

ウスターソース　大さじ2

タイム　少々

小麦粉　大さじ2

塩　少々

バター　大さじ4

マッシュポテト

じゃがいも　4～5個

牛乳　1カップ

バター　大さじ2

卵黄　2個分

塩　小さじ1

こしょう、ナツメグ　各適宜

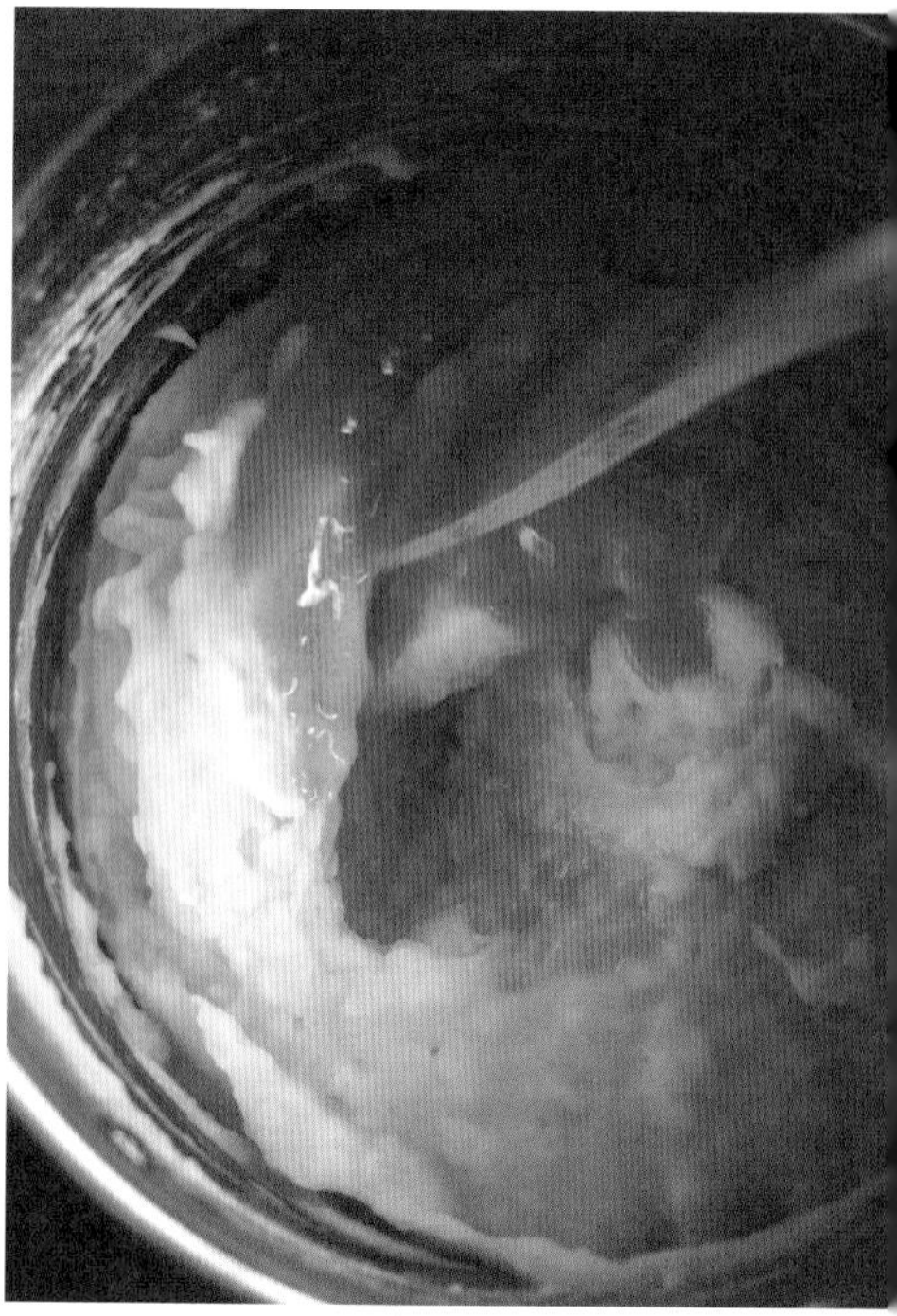

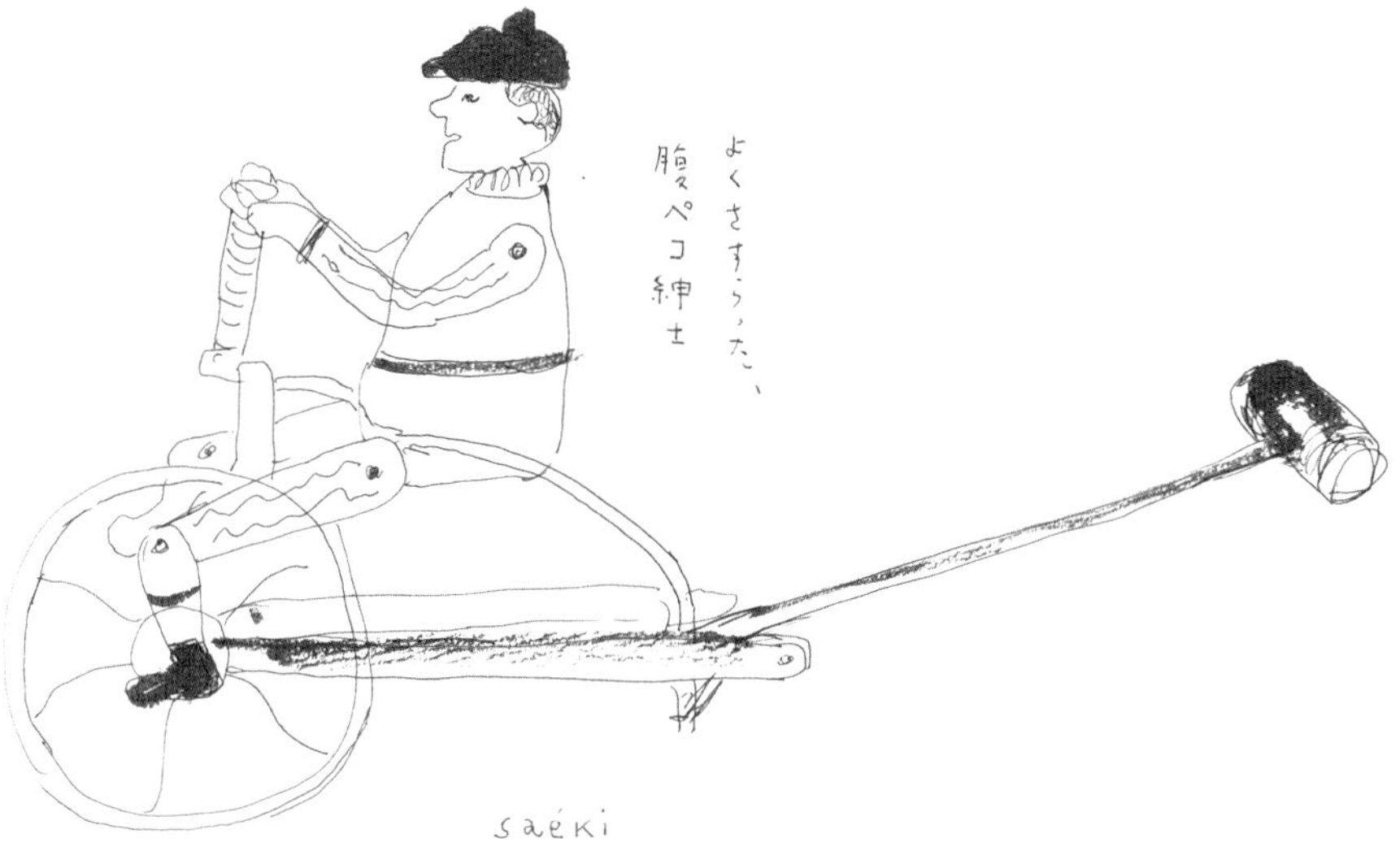

マッシュポテトにフォークで模様をつけるときれいな焦げ目がつきます。

作り方

1 ボウルに牛挽き肉を入れて塩を加え、手でよく混ぜる。

2 玉ねぎ、にんじん、マッシュルーム、にんにくは、みじん切りにする。

3 フライパンを弱火にかけてバター大さじ2を熱し、にんにく、玉ねぎを炒め、香りが立ったらにんじん、マッシュルーム、塩を加えてさらにじっくり炒め、取り出す。

4 3のフライパンに残りのバターを足し、牛挽き肉を入れて広げ、中火でしっかり炒める。3をもどし、Aを加えて炒め合わせ、小麦粉をふり入れてよく混ぜ合わせる。

5 マッシュポテトを作る。じゃがいもは皮つきのまま鍋でやわらかくゆでる。湯をすてて皮をむき、鍋にもどしてマッシャーでつぶす。中火にかけ、牛乳、バターを加えて混ぜ、卵黄を加えて手早く混ぜ合わせる。塩、こしょう、ナツメグで味を調える。

6 耐熱皿に4を入れ、上にマッシュポテトをのせ、フォークで波模様をつける。220度のオーブンで20分焼き、ポテトに焦げ目をつける。

アコーディオン サンドイッチ

オリジナルは、アコーディオンの形に似ているのでこの名がついているようです。
2斤分の食パンを横向きに置き、底の耳を残して他の耳を切り取り、
縦に切り込みを入れ、その間にハムとフィリングを挟んだもの。
上が広がらないようひもをかけてオーブンに入れ、まわりが香ばしく焼けたところで食卓へ。
食卓で切り分け、サンドイッチなのに
ナイフとフォークで食べるのも、いつもと違った雰囲気です。
今ではこのフィリングを使って、クロックムッシュのスタイルで作っています。

材料（2人分）

食パン（小型）　2枚
ロースハム　2枚
フィリング
　マヨネーズ　大さじ3〜
　プロセスチーズ（すりおろす）　30g
　玉ねぎ（すりおろす）　¼個分
　マスタード　小さじ1½
　ピクルス（みじん切り）　10〜15g

作り方

1　ボウルにフィリングの材料を混ぜ合わせる。

2　食パンに1を塗り、ロースハムをのせ、ハムの上にさらに1を重ねる。

3　2をオーブントースターで、表面に焦げ目がつくまで10分焼く。

コーンブレッド

とうもろこしの粉を粗めに挽いたコーングリッツをたっぷり使っています。薄くスライスしてオーブントースターでこんがり焼いて食べるのがおすすめ。マーマレードがよく合います。夏休みの山の家では、昔から朝食の定番です。

材料（21×8×5cmのパウンド型1個分）

A
- コーングリッツ　130g
- 薄力粉　90g
- ベーキングパウダー　小さじ1
- 砂糖　50g
- 塩　ひとつまみ

- 卵　1個
- 牛乳　1カップ
- 溶かしバター　50g

作り方

1　型に溶かしバターを塗り、強力粉をはたく（各分量外）。

2　ボウルにAの材料を入れて混ぜ合わせる。

3　別のボウルに卵を溶きほぐし、牛乳、溶かしバターを加えて混ぜ合わせる。

4　2に3を加えてよく混ぜ合わせる。

5　4を型に流し、180度のオーブンに入れて50分〜1時間、しっかり焼き色がつくまで焼く。

＊　コーングリッツは、とうもろこしの種皮と胚芽を取り、胚乳を粒状に粉砕したもの。

＊　焼いている途中で表面が乾いてきたときに、包丁で真ん中に切れ目を入れるときれいにふくらみます。

レモンクリームジェリー

レモンジュースをたっぷり使った、真っ白なジェリー。シンプルなレモンの酸味が好きで、50年以上同じ配合で作り続けています。中身をくりぬいたレモンを器にしても。

材料（6～8人分）
板ゼラチン　9g
グラニュー糖　100g
レモン汁　90mℓ
レモンの皮（よく洗い、すりおろす）　1個分
生クリーム（乳脂肪分35％）　1カップ
熱湯　1カップ

作り方
1　板ゼラチンは水（夏は冷水）に浸けてふやかす。
2　ボウルに熱湯を入れ、グラニュー糖を加えて木べらで混ぜて溶かす。
3　ゼラチンの水気を絞り、2に加えよく混ぜて溶かす。
4　3にレモン汁、レモンの皮を加え、ボウルの底に氷水をあてながら混ぜ、とろみがついてきたら泡立て器で白っぽくなるまでよく泡立てる。
5　別のボウルに生クリームを6分立てに泡立て、4に加えて混ぜ合わせる。
6　5を器に流し、冷蔵庫で2時間冷やし固める。

＊　4でゼリーが固まりすぎると、生クリームとうまく混ざり合わないので注意。6分立ての生クリームと同じとろみ加減で合わせます。

ルバーブのパイ

初めてルバーブのパイを習ったとき、その独特な甘酸っぱい味と色は驚きでした。

パイ生地に、細かく切って砂糖をまぶしたルバーブをのせて焼くだけの、素朴なパイです。

パイ生地は当時より簡単にできるよう工夫しています。

材料（直径24㎝のパイ1枚分）

パイ生地
- 薄力粉、強力粉　各50g
- バター（無塩）　70g（冷やしておく）
- 冷水　35㎖（塩ひとつまみを溶かす）

フィリング
- ルバーブ　300g
- グラニュー糖　100g
- アーモンドパウダー　大さじ3
- 溶かしバター　大さじ2
- グラニュー糖　大さじ3

作り方

1　フィリングを作る。ルバーブは5㎝長さの細切りにする。ボウルに入れ、グラニュー糖を加え、よく混ぜて1〜2時間おく。ざるに上げて、ルバーブと出てきたジュースに分ける。

2　小鍋に1のジュースを入れ、煮詰めてシロップを作る。

3　パイ生地を作る。バターは1㎝角に刻む。ボウルにふるった粉類とバターを入れ、バターをカードで細かく刻みながら手早くさっくり混ぜる。

4　3に冷水を少しずつ加えてカードで混ぜ、まとまってきたら丸め（このときはバターの塊が残っている状態）、ビニール袋に入れて、手のひらで円盤状にし、冷蔵庫で1時間寝かせる。

5　台に打ち粉（分量外）をし4をのせ、麺棒で厚さ3㎜、直径30㎝の円にのばす。

6　5の端を3㎝残してアーモンドパウダーをふり、その上に1のルバーブを広げ、2のシロップをハケでたっぷり塗る。

7　6で3㎝残した生地を中心に向かって巻き込むように折り、縁を作る。

8　7の縁に溶かしバターをハケでたっぷり塗り、その上にグラニュー糖をふる。

9　8をオーブンシートを敷いた天板にのせ、180度のオーブンで30分、途中でシロップを2〜3回塗り、生地がパリッとするまで焼く。

＊　ルバーブに砂糖をまぶし、出てきた水分を煮詰めてシロップに。こうすることでパイの底がルバーブの水分でべちゃっとせず、軽く仕上がります。

＊　バターは冷蔵庫で冷やし、生地を混ぜるときは手早く。

第2章

祖母の味、母の味

祖母の代から使っている物相《もっそう》とほうろく。これからも引き継がれていくことでしょう。

幼い頃の最初の料理の記憶。それは戦後のまだ物がない時代、甘いものなど貴重だった5歳の頃、旧式のオーブン（上置き天火）に母が手作りしてくれたスワンの形をしたシュークリームが並べられていた光景です。きれいで甘くておいしくて……。母は材料がなくてもいろいろと工夫し、ひと手間かけて料理からお菓子までなんでも作る人でした。ですから、家にはいつも親戚や友人などさまざまな人たちが集まってきていました。私はそんな母が大好きで、いつもそばについてまわっていたので、料理に興味を持つようになったのは自然なことだったのでしょう。大きくなると、料理の仕方、もてなしの心などを学びました。「その手、そのとき」と使った物はその手で元に戻す、「見えないところにひと手間かけて」といったことは、今も料理を作るときに大切にしていることです。

祖母とは、戦後中国・大連から引き上げた後に一緒に暮らすようになりました。祖母はお茶を教えていたこともあり、家には常に花を生け、季節に合わせてしつらい、自然に沿って暮らしを楽しんでいました。日頃の何気ない食事でも旬の食材を上手に使い、器の取り合わせをとても大切にしていました。こうして祖母と暮らして身についたこと、また祖母の影響で習い始めたお茶を通して学んだことは、今も日々の暮らしを豊かに彩ってくれています。

和敬ずし（温ずしで）

祖母が作り、母が作っているのをそばでずっと見てきたおすし。
今では娘も作り、孫も手伝っています。
和敬ずしとは、茶道の精神を表す「和敬静寂」から祖母が名づけたもので、
酢飯にご飯粒と同じくらいに細かく刻んだにんじんと干し椎茸の含め煮、
ごまを合わせたもので、雛祭りのちらしずしに、
物相で抜いてお弁当に、茶巾にするなどさまざまに楽しめます。
母はお客さまにたっぷりの錦糸卵をのせ温ずしにして、
お茶の時間の「おしのぎ」としてよく出していました。

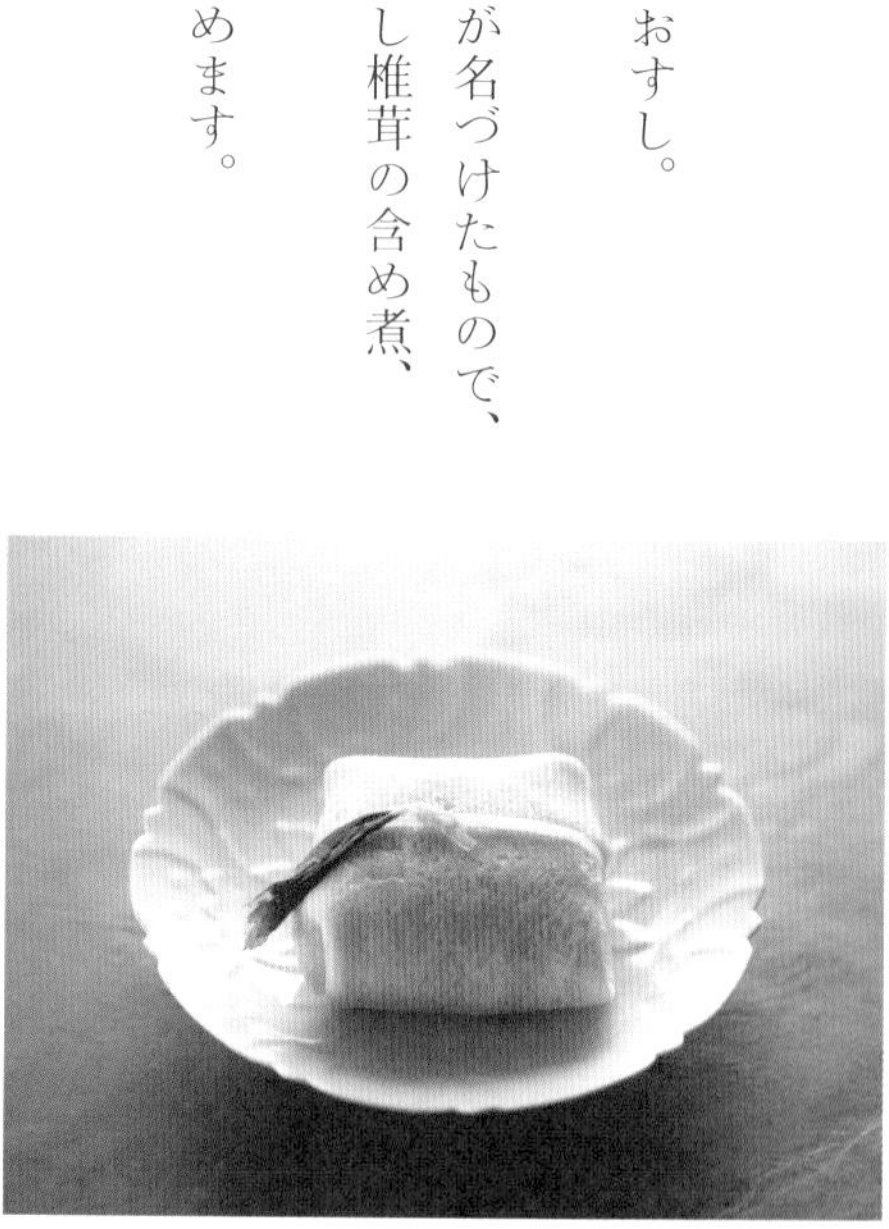

材料（7～8人分）
米　2カップ（酒　大さじ2、昆布　5cm角1枚）
すし酢（温めて砂糖を溶かす）
- 酢　大さじ3
- 砂糖　大さじ2
- 塩　小さじ1

にんじん　100g
干し椎茸　4～5枚
A
- だし　1カップ
- 砂糖、しょうゆ　各大さじ1

B　砂糖、しょうゆ　各大さじ1
白炒りごま（包丁で刻む）大さじ3
蓮根　50g（酢　少々）
甘酢
- 酢　¼カップ
- 砂糖　大さじ2
- 塩　ひとつまみ

えび（中、殻つき）4尾（酒、塩　各少々）
卵　4個
C
- 砂糖　大さじ3
- 酒、水　各大さじ1
- 塩　ひとつまみ

煮穴子（市販。1cm幅に切る）1尾

作り方

1　米はといでざるに上げて30分おき、同量の水に酒、昆布を加えて炊く。飯台に移し熱いうちにすし酢をまわしかけ、うちわであおぎながら混ぜ、人肌に冷ます。

2　にんじんは細かいみじん切りにする。干し椎茸は水でもどして軸を除き、細かいみじん切りにする（もどし汁は取りおく）。鍋にAを入れ中火でにんじんを煮て、ざるに取り、煮汁を鍋にもどす。鍋にBを足して、干し椎茸、椎茸のもどし汁⅓カップを加えて弱火で煮含める。ざるに上げて汁気をきる。

3　蓮根は皮をむいて薄切りにし、酢水にさらす。酢を加えた熱湯でさっとゆで、水気をきって甘酢に浸ける。

4　えびは背わたを取り、酒、塩を加えた湯でゆで、殻をむく。

5　錦糸卵を作る。ボウルに卵を溶きほぐし、Cを入れて混ぜ、ざるで漉す。フライパンを弱火にかけて油をひかず卵液を薄く広げ、焦げ目がつかないように焼き、細切りにする。

6　酢飯に2の具、白炒りごまを混ぜる。

7　器に6を盛り、蓮根、えび、煮穴子、錦糸卵をのせ、蒸気の上がった蒸し器で強火で15分蒸す。

＊　にんじんと干し椎茸を煮て冷凍しておくと、いつでも作れます。トッピングはお好みで。錦糸卵は甘めがおいしいです。

ヤーズ

母が中国・大連で習い、子どもの頃から人が大勢集まるときにいつも作っていたおもてなし料理です。

「ヤーズ」という名前は、北京料理の「カオヤーズ（北京ダック）」からきているのでしょうか。

家庭では作りにくい北京ダックを、豚肉でおいしくいただけるよう工夫してあります。

わが家では、今でも家族や友人の集まりの定番。

薄皮に、肉汁を使った特製みそを塗って、好きな具を包んでいただきます。

〈皮の材料と作り方〉

材料（直径10cmの皮、24枚分）
薄力粉　100g
強力粉　100g
熱湯　1カップ
塩　小さじ1¼
ごま油　適宜

作り方

1　ボウルに粉類、塩をふるい入れ、熱湯を加えて菜箸4本でよく混ぜる。ボソボソになったら手でまとめてよく練り、生地が手につかなくなったらひとまとめにしてラップをかけ、1時間寝かせる。

2　1を24等分にして丸める。台に打ち粉（分量外）をし、手のひらで生地を押しつけて直径3cmの円にする。

3　2の12枚の表面にごま油をハケで塗り、もう1枚重ねる。2枚一緒に麺棒で直径10cmにのばす。

4　フライパンを中火にかけ、油はひかず3を焼く。生地に空気が入ってふくらんできたら返し、裏面も焼く。熱いうちにはがして2枚にする。

5　粗熱が取れたら、乾燥しないようにぬれ布巾かラップをかける。

＊　皮の生地は2枚一緒にのばして焼き、焼けてからはがすことで、ごく薄い皮になります。前日に焼いても、直前に蒸すか電子レンジで温めるとふわっと焼きたての感じがもどります。

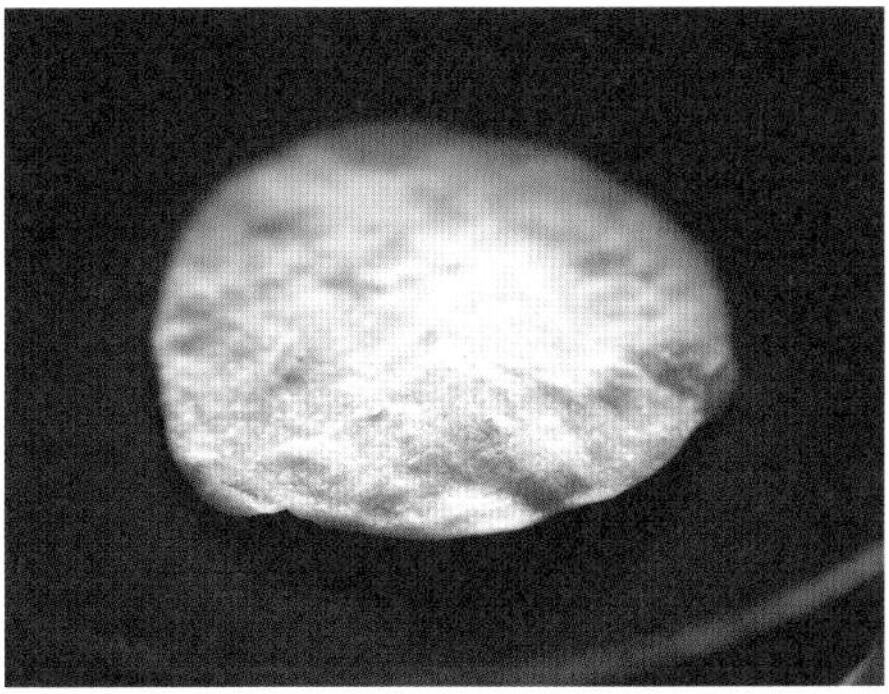

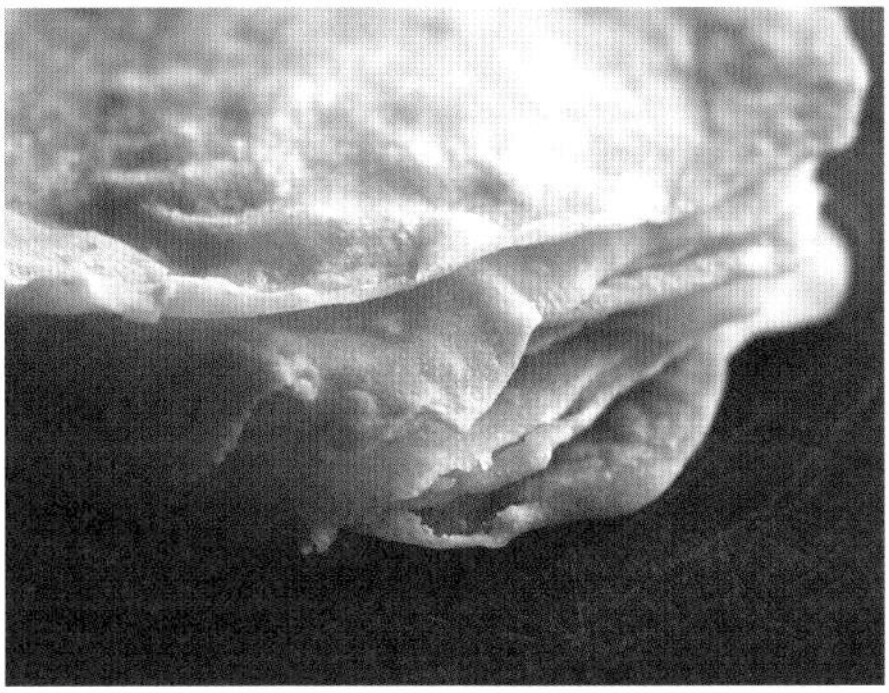

〈具の材料と作り方〉

● 豚肉炒め

材料

豚肉（しょうが焼き用）　400g
にんにく（すりおろす）
　1かけ分
しょうが（すりおろす）　30g
A
しょうゆ　大さじ3
砂糖　大さじ2
酒　大さじ2
サラダ油　大さじ2

作り方

フライパンを中火にかけてサラダ油を熱し、にんにく、しょうがを炒める。豚肉を加えてさらに炒め、Aを加えて味をからめる。豚肉を取り出し細切りにする。フライパンに残った肉汁は、みそだれに使うので取りおく。

● にら炒め

にら1束は3cm長さに切る。フライパンを強火にかけてサラダ油適宜を熱し、さっと炒め、塩少々で調味する。

● もやし炒め

もやし1袋は根ひげを取る。フライパンを強火にかけてサラダ油適宜を熱し、さっと炒め、塩少々で調味する。

● 卵の炒めもの

卵4個はボウルに溶きほぐし、塩少々を加える。フライパンを強火にかけてサラダ油大さじ2を熱し、卵を流し入れ、全体を手早く混ぜる。半熟になったら火を止め、余熱で火を通す。

● 白髪ねぎ

長ねぎ1本は4cm長さに切る。縦に切り込みを入れ、芯（薄緑の部分）を取り、白い部分をせん切りにする。冷水にさらし水気をきる。

〈みそだれの材料と作り方〉

材料

にんにく（すりおろす）
　1かけ分
しょうが（すりおろす）　20g
A
赤みそ　60g
酒　大さじ1
しょうゆ　大さじ1
砂糖　大さじ1
豚肉炒めの肉汁　全量
サラダ油　適宜

作り方

フライパンを中火にかけてサラダ油を熱し、にんにく、しょうがを炒め、Aをよく混ぜ合わせて加え、火を入れる。

＊　みそだれは、豚肉を炒めた後に残った汁を加えるのがおいしい秘訣。

ボルシチ

母が大連に暮らしていたとき、ロシア人の友人ガンシンさんに習った料理です。わが家ではシチューと言えば、ボルシチでした。ビーフシチューよりもあっさりとしていて、いつまでも飽きのこない家庭の味です。

材料（4人分）
牛すね肉（またはシチュー用）　800g（塩、こしょう　各適宜）
ビーツ（缶詰）　1缶（425g）
玉ねぎ　2個
にんじん　2本
セロリ　1本
紫キャベツ　⅓個
じゃがいも　2個
にんにく（つぶす）　1かけ

A
チキンブイヨン（182ページ参照）　2ℓ
ローリエ　2枚
塩　大さじ1
黒こしょう　10粒

B
トマトピューレ　½カップ
赤ワインビネガー　大さじ3
三温糖　小さじ1

塩、こしょう　各適宜
サラダ油、バター　各大さじ2
サワークリーム　適宜

作り方

1 牛すね肉は大きめのひと口大に切り、塩、こしょうをふる。

2 玉ねぎは半分に切って薄切りにする。にんじんは5cm長さに切り、太い部分は4等分に切る。セロリは5cm長さに切る。紫キャベツは2cm幅に切る。じゃがいもは4等分に切る。

3 厚手の鍋を中火にかけてサラダ油を熱し、牛肉に焼き色をつけて取り出す。鍋にバターを入れてにんにく、玉ねぎを炒め、香りが立ったらにんじん、セロリを加えてさらに炒め、牛肉をもどし入れる。Aを加えて強火でひと煮立ちさせ、アクを取り、弱火にして1時間煮る。

4 ビーツは汁ごと3に加える。残りの野菜、Bを加えてさらに40〜50分煮て、塩、こしょうで味を調える。

5 温めた器に4を盛り、サワークリームを添える。

＊ 上に浮いた脂を取り除くとさっぱりとした仕上がりに。

＊ 生のビーツを使う場合は、大1個の皮をむいてひと口大に切り、4で生のまま加えます。

ピロシキ

ボルシチと同じくガンシンシンさん仕込み。ほんのり甘くふっくらしたパン生地でゆで卵たっぷりの具を包んだピロシキ。揚げたてのおいしさをぜひ！

材料（10個分）

パン生地

強力粉　２００g

ドライイースト　３g

砂糖　大さじ１

牛乳（人肌に温める）

　大さじ５

バター（常温にもどす）　15g

卵　１個

塩　小さじ１

具

合挽き肉　１５０g

ゆで卵　２個

玉ねぎ　½個

春雨　10g

小麦粉　小さじ１½

塩　小さじ１

砂糖　小さじ１

こしょう　少々

バター　15g

揚げ油

作り方

1　パン生地を作る。ボウルにふるった強力粉、ドライイースト、砂糖を入れて混ぜ合わせる。

2　別のボウルに牛乳、バターを入れて溶かし、溶きほぐした卵、塩を加えて混ぜる。

3　２に１を半量ずつ加えてそのつど手で混ぜ、手に生地がつかなくなるまでよく練る。ひとまとめにして丸め、ラップをし、ボウルの下に人肌の湯をあて、１時間おいて発酵させる（湯が冷めないようときどき交換する。１次発酵で倍ぐらいの大きさになる）。

4　具を作る。玉ねぎはみじん切りにする。春雨は湯でもどし、水気をきって２cm長さに切る。ゆで卵は粗みじんにする。

5　フライパンを中火にかけてバターを熱し、玉ねぎを炒める。すき通ったら合挽き肉を加えてさらに炒め、小麦粉を加え、塩、砂糖、こしょうで味を調える。火を止め、春雨、ゆで卵を加え合わせ、バットに移して10等分にする。

6　生地を10等分にして丸め、麺棒で直径10cmの楕円にのばす。具をのせて包み、縁をしっかり指でおさえる。

7　バットに打ち粉（分量外）をし、６を並べて霧をふき、30分おいて２次発酵させる。

8　７を中温の油できつね色になるまでゆっくり揚げる。

＊　６で、縁に具の脂がつくと生地がくっつかないので注意。

＊　生地が焦げやすいので、１６０度ぐらいの油でゆっくり揚げます。

ふきのとうみそ

祖母から母へ、そして娘へと受け継がれている早春の味。
ふきのとうが出始めると、毎年祖母が作っていたのを思い出します。
温かいご飯に、焼きおにぎりに、酒のつまみに「春は苦み」を楽しみます。

材料（作りやすい分量）
ふきのとう　6個
白炒りごま　大さじ4
みそ　大さじ2½
酒　大さじ2

作り方
1　ふきのとうは根元を少し切り、塩ひとつまみ（分量外）を加えた湯で落としぶたをして3～4分ゆでる。すぐに冷水に放ち20分おく。水気をよくきり、細かく刻む。
2　すり鉢に炒りたてのごまを入れて七分ずりにし、ふきのとうを加えてすり合わせる。
3　小鍋に2を移し、みそ、酒を加え、弱火にかけて3～4分練る。
＊　ふきのとうは、ゆでるときに空気に触れると黒くなるので注意。

たけのことふきの柏の葉ずし

五月の節句にぴったりの季節感あふれるおすし。
たけのことふきのシンプルな具材と、
甘さ控えめのすし飯を、柏の葉で包んで。

材料（4人分）
米　2カップ（酒　大さじ1、昆布　5cm角1枚）
すし酢
酢　40mℓ
薄口しょうゆ　小さじ2
みりん　小さじ2
ゆでたけのこ　300g
A
だし（182ページ参照）　2カップ
酒　¼カップ
薄口しょうゆ　大さじ2
みりん　大さじ1½
塩　ひとつまみ
ふき　½束
B
だし（182ページ参照）　1カップ
薄口しょうゆ　大さじ1
みりん　小さじ2
塩　ひとつまみ
柏の葉　8枚

作り方

1　ゆでたけのこは、小さめのいちょう切りにする。鍋にAを入れて火にかけ、ひと煮立ちしたらたけのこを入れ、落としぶたをして弱火で15分煮て、そのまま冷ます。

2　ふきは根元と葉を切り落とし、鍋の直径より少し短めに切る。板ずりし、すぐにたっぷりの湯でゆでる。冷水に放ち薄皮をむき、2cm長さに切ってバットに並べる。Bをひと煮立ちさせてバットに注ぎ、そのまま味を含ませる。

3　米はといでざるに上げて30分おき、同量の水に酒、昆布を加えて炊く。飯台に移して熱いうちにすし酢をまわしかけ、うちわであおぎながら混ぜ、人肌に冷ます。

4　3に水気をきったたけのこ、ふきを混ぜ合わせる。

5　柏の葉は水にぬらし、布巾で水気をふく。

6　柏の葉の裏面を上にして、小さめの俵形ににぎった4をのせ、柏餅のように二つ折りにして包む。

＊　ふきは、板ずり（塩をまぶしてすり込み、まな板の上でごろごろ転がす）をすることで、色よくゆで上がります。

＊　ふきに塩が入りすぎないよう、板ずり前に湯を沸すこと。

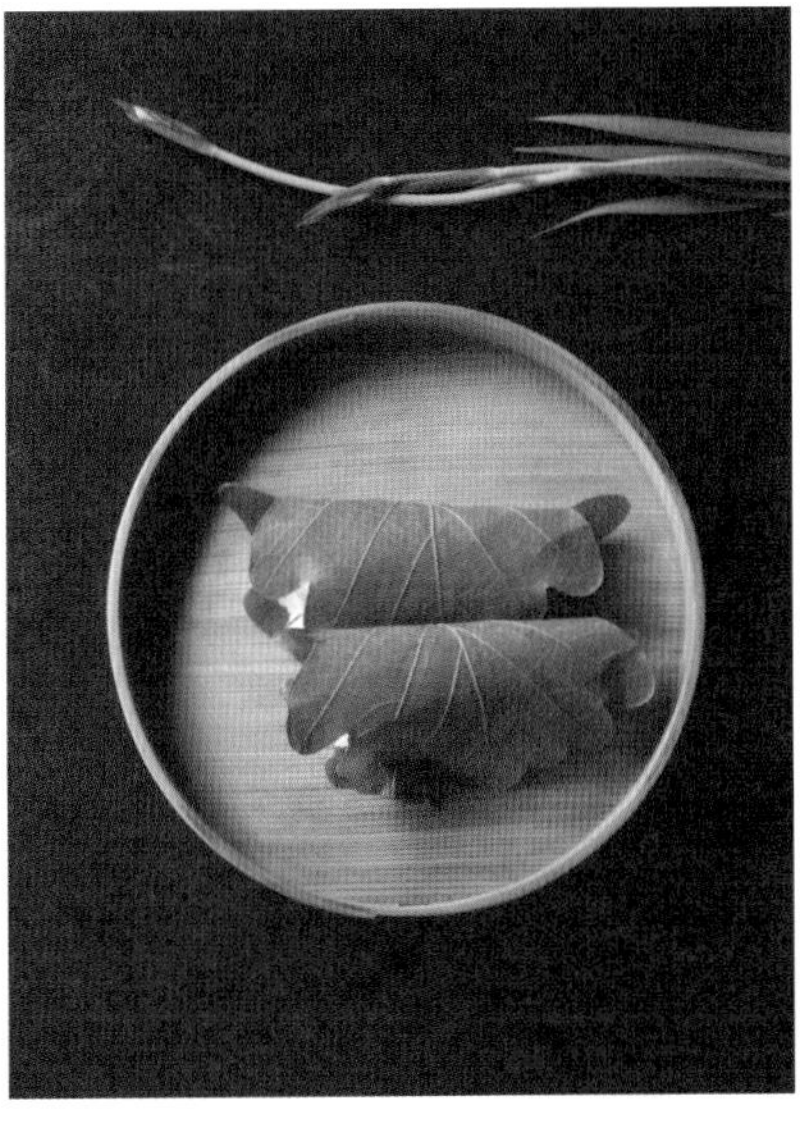

めかじきと三つ葉の卵とじ

材料（2人分）
めかじき　2切れ
（酒　大さじ1）
卵　2個
三つ葉　⅓束
A
だし（182ページ参照）　½カップ
酒　大さじ2
しょうゆ　大さじ1
みりん　小さじ1

作り方
1　めかじきは酒をふりかけ、2cm幅に切る。
2　三つ葉は2cm長さに切る。卵は溶きほぐす。
3　めかじきが並べられる大きさの浅鍋にAを入れて中火にかける。煮立ったらめかじきを並べ入れて1分ほど煮て、8割火が通ったら卵をまわし入れる。卵が半熟になったら三つ葉を散らし、ふたをして火を止めて1分蒸らす。

＊　だしをしっかり、おいしく取ります。
＊　めかじきは生の新鮮なものを選びます。生臭さが出ないよう、煮汁が煮立ってから入れます。
＊　めかじき、卵共に、火を通しすぎないこと。めかじきはかたくなり、パサつきます。

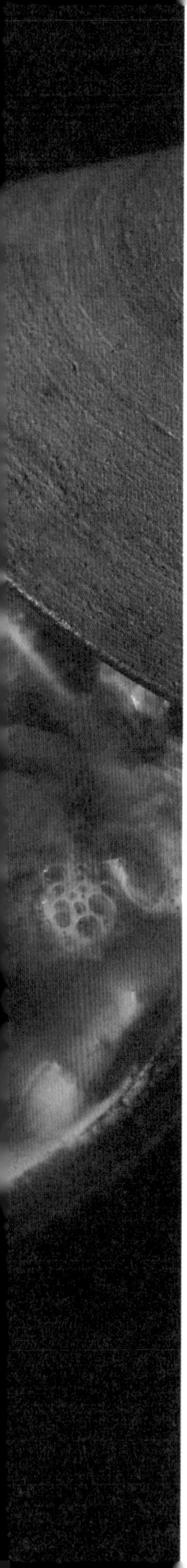

父の晩酌の後のご飯に合わせて、
母が一人用の鉄鍋でさっと作って出していました。
やわらかなめかじきと卵に、三つ葉が香り、
3分で作れるとは思えない気の利いた料理です。

トマトのサラダ

トマトが今ほど甘くなく、種類も少なかった時代、トマトのサラダと言えばこれ。ドレッシングをかけてから冷蔵庫でよく冷やし、味をなじませます。

材料（4人分）
トマト（中）　4個
玉ねぎ　½個
パセリ　2枝
ドレッシング
　サラダ油　70㎖
　酢　40㎖
　しょうゆ　小さじ1
　塩　小さじ½
　砂糖　小さじ½

作り方

1　トマトはへたを取り、7〜8㎜厚さの輪切りにする。

2　玉ねぎ、パセリはみじん切りにし、水にさらして水気をよくきる。

3　ドレッシングを作る。ボウルにサラダ油以外の材料を入れて泡立て器でよく混ぜ、サラダ油を少しずつ加えながら混ぜ合わせ、2を加える。

4　器にトマトを並べドレッシングをまわしかけ、冷蔵庫で1時間冷やす。

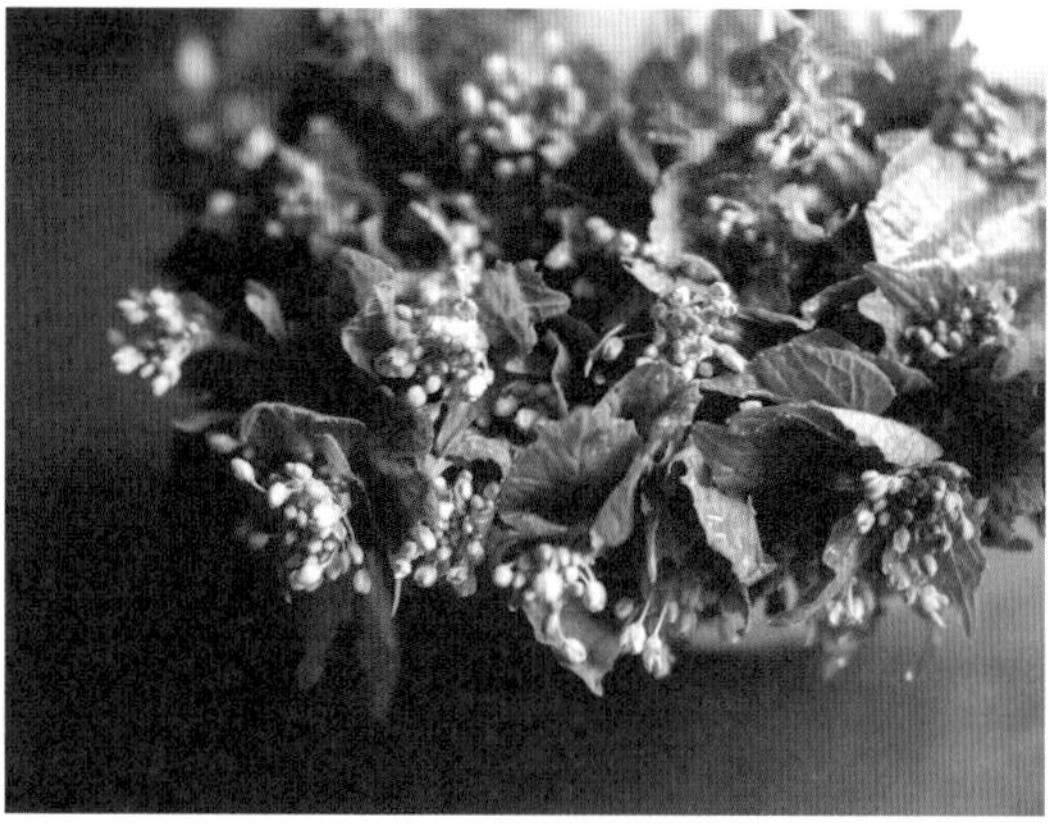

漬物3種

季節の食材で手軽にできる即席漬けです。

がんす漬け（花わさびのしょうゆ漬け）

「がんす」は祖母の郷里、広島の方言です。
春の訪れを告げる花わさび。
出回る期間が短いので、店先で見かけたらすぐに作ります。
ピリッとしたさわやかな辛みに季節を感じます。

材料（作りやすい分量）
花わさび（または葉わさび） 2束
漬け汁
- しょうゆ 1/3カップ
- 酒 1/4カップ
- 酢 大さじ2

作り方
1 花わさびはよく洗い、3cm長さに切る。ボウルに入れて熱湯をまわしかけてざるに上げ、冷水に放つ。
2 密閉容器に1を入れ、よく振り、辛みを出す。
3 2を漬け汁に3時間ほど漬ける。

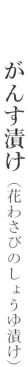

どろぼう漬け（夏野菜の粕漬け）

どろぼうしても食べたくなるほどおいしい、ということでこの名前。
酒粕そのもののおいしさを楽しめる、野菜の即席粕漬けです。
夏の酒のつまみに、父が一人ゆっくり日本酒を含みながら、
壺から粕漬けを取り出していた姿が思い出されます。

材料（作りやすい分量）

きゅうり　1本
なす　1本
うり　½本
粕床
- 練り粕　300g
- 酒　大さじ1
- みりん　小さじ1
- 塩　小さじ½

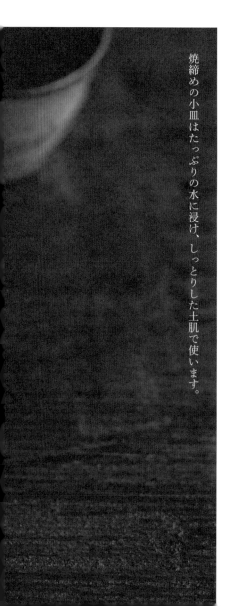

焼締めの小皿はたっぷりの水に浸け、しっとりした土肌で使います。

作り方

1 粕床を作る。ボウルに材料を混ぜ合わせ、深さのある器に入れる。

2 野菜はひと口大に切り、しっかり塩(分量外)をしてよくもみ込み、5分おいて水気をぎゅっと絞る。1切れずつ箸で粕の中に埋め込み、3時間ほどおく。

3 器に1切れずつ取り出し、粕をつけたままいただく。

＊ 野菜に塩をし、水分が絞れるまでしっかりおきます。

＊ 酒粕はおいしい練り粕を。粕床は2回ほど使えます。

＊ 漬け時間はおよそ3時間を目安に、気温が高ければ短くするなど調整します。

三つ輪漬け（大根の柚子しょうゆ漬け）

大根、柚子、赤とうがらしと三つの輪で三つ輪漬け。
江戸時代からある漬物です。
大根を薄く切ってしょうゆに漬けるだけ。
こんなに手軽ですぐ作れる漬物は他にありません。
お酒のお共に、箸休めに。

材料（2人分）
大根　10～15cm
柚子（輪切り）　3～4枚
赤とうがらし　1本
昆布　2cm角3枚
減塩しょうゆ　約1カップ

作り方
1　大根は皮を厚めにむき、薄い輪切りにする。柚子は種を取る。赤とうがらしは種を取って、小口に切る。
2　容器に1、昆布を入れ、しょうゆをひたひたに注ぎ、よく混ぜて30分漬ける。

＊ 濃口しょうゆを使うと味が濃くなるので減塩しょうゆを使います。

第3章

家族が好きな料理

山の家での朝は、それぞれ決まった色のモーニングカップで。

この章で紹介するのは、家族が「おいしい」と喜んでくれる言葉が嬉しく、ずっと作り続けているわが家の「十八番《おはこ》」料理です。

今まで習った料理をわが家流にアレンジしたもの、またレストランで食べた料理を再現したものなどいろいろですが、どの料理も家族の好みに合わせて工夫しています。また長年作り続けている間に、さらに作りやすく簡単に、健康的にと少しずつ変えています。

友人にも好評なものを選びましたので、きっとどなたにも喜んでいただけると思います。

主人の両親の思い出がたくさん詰まった山の家。その近くに畑を借りて、主人は野菜作りにはげんでいます。無農薬で、土や種にこだわって。年々めずらしい野菜や品種が増え、じゃがいもは十数種類。ときどき娘と収穫を楽しんでいます。

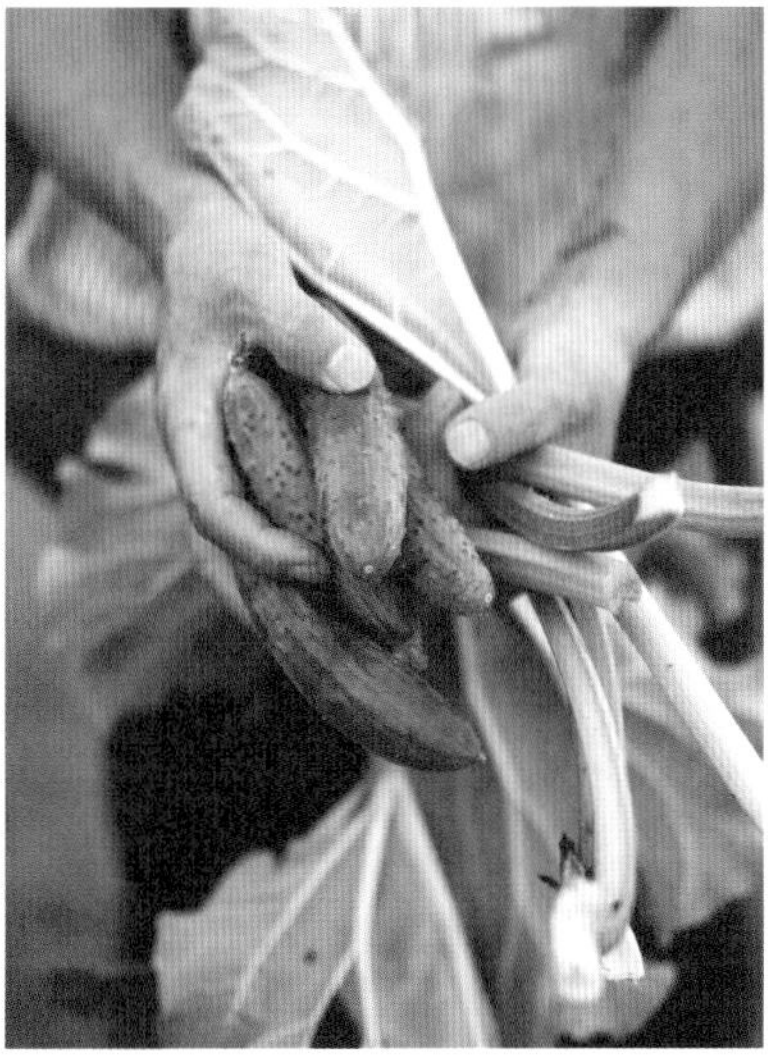

山の家の朝食

夏休みには娘と息子の家族が集まり、
山の家でゆったりと過ごします。
楽しみにしているのが、
みんな揃っての朝食です。
採れたての野菜を庭でいただきます。

モロッコ風サラダ

ビーツとにんじんのサラダ

ハッシュドポテト
高原レタスのサラダ
スクランブルエッグ

モロッコ風サラダ

彩りがきれいで、鶏肉が入ったボリュームのあるエスニックサラダ。クミンの香りが決め手です。ブランチのメイン料理にもなります。

材料（4人分）
鶏むね肉　1枚（約200g。
　塩、酒　各少々）
ズッキーニ（緑、黄色）　各1本
いんげん　10本（塩　少々）
とうもろこし　½本
オリーブ（緑、黒）　各10粒
レーズン　¼カップ
にんにく（薄切り）　1かけ分
A
　クミンパウダー　大さじ½
　パプリカパウダー
　　大さじ½
　レモン汁　大さじ3
　オリーブ油　大さじ3
塩　小さじ1
こしょう　適宜
オリーブ油　大さじ1

作り方
1　鶏むね肉は皮と余分な脂を取り除く。鍋に湯を沸かし、沸騰したら塩、酒を加え、鶏肉を入れて再び沸騰したら火を止め、ふたをしてそのままおく。冷めたら手で大きめにさく。
2　ズッキーニは7〜8㎜幅の輪切りにする。いんげんは塩を加えた湯でかためにゆで、3㎝幅に切る。とうもろこしはゆでて実をそぐ。
3　レーズンは熱湯に浸し、水気をきる。
4　フライパンを中火にかけてオリーブ油、にんにくを入れ、香りが立ったらズッキーニを加えて両面に焼き色をつけ、塩、こしょうをふる。
5　ボウルに1〜4を入れ、Aを加えて混ぜ合わせる。器に盛り、オリーブを散らす。

ビーツとにんじんのサラダ

朝のテーブルにビーツの赤い色が入ると、とたんに元気が出てきます。オレンジも加えて、さわやかな一皿に。

材料（4人分）

ビーツ　200g

にんじん　1本（塩　少々）

オレンジの実　1個分

オレンジの皮（よく洗い、せん切り）　½個分

A

オレンジジュース　大さじ3

オリーブ油　大さじ3

赤ワインビネガー　大さじ1

レモン汁　大さじ1

はちみつ　小さじ2

塩、こしょう　各適宜

作り方

1　ビーツは皮をむき、スライサーでせん切りにし、水気を軽くきる。鍋に少量のオリーブ油（分量外）を熱し、1分炒めて火を止め、ふたをしてしばらく蒸らす。

2　にんじんは皮をむき、スライサーでせん切りにし、軽く塩をふり、水気を絞る。

3　オレンジは上下を切り落とし、りんごをむくように包丁で厚めに（果肉が見えるまで）皮をむき、薄皮にそって包丁を入れ実を取り出し、半分に切る。

4　ボウルにビーツ、にんじん、Aを合わせ入れ、オレンジの実を加えてざっくり混ぜる。

5　器に4を盛り、オレンジの皮を散らす。

スクランブルエッグ

いつものスクランブルエッグに、
たっぷりのとうもろこしとチーズを加えて。

材料（4人分）
卵　4個
とうもろこし　½本
ハーブ（イタリアンパセリ、にんじんの葉など）　適宜
溶けるチーズ　50g
バター　大さじ3
塩、こしょう　各適宜

作り方

1　とうもろこしはゆでて実をそぐ。ハーブは粗く刻む。

2　ボウルに卵を溶きほぐし、塩、こしょうをふって混ぜ、1、チーズを加えて混ぜ合わせる。

3　フライパンを強火にかけてバターを熱し、色づいてきたら2を流し入れる。ゆっくり大きく混ぜ、半熟の状態になったらざっくり混ぜ、器に盛る。

＊　半熟で仕上げます。火が入りすぎると炒り卵になるので注意。余熱でどんどん火が入るので、すばやく器に盛ります。

ハッシュドポテト

山の家の朝食で、孫たちから必ずリクエストがある一品。
主人が畑で育てたじゃがいもが大活躍です。

材料（4人分）
じゃがいも　2個
コンビーフ（脂の少ないもの）　1缶
ガーリックパウダー　小さじ½
塩、こしょう　各適宜
バター　大さじ2
オリーブ油　大さじ1

作り方

1　じゃがいもはマッチ棒大に切り、水にさらし水気をきる。

2　フライパンを中火にかけてバター、オリーブ油を熱し、じゃがいもを炒める。すき通ってきたらコンビーフを加え、木べらでほぐしながら炒め合わせる。

3　じゃがいもに火が通ったらガーリックパウダー、塩、こしょうで味を調える。

高原レタスのサラダ

きゅうりを塩もみして入れるのが味のポイント。
シンプルなのに、なぜかやみつきになる味。

材料（4人分）
レタス　1個
きゅうり　2本（塩　適宜）
ドレッシング
　玉ねぎ　¼個
　オリーブ油　大さじ3
　白ワインビネガー　大さじ1
　薄口しょうゆ　大さじ1

作り方
1　レタスはざっくり大きめに手でちぎる。
2　きゅうりは2㎜幅の輪切りにし、塩もみして水気を絞る。
3　ドレッシングを作る。玉ねぎはみじん切りにし、水にさらして水気をきる。ボウルに入れ、残りの材料も加えて混ぜ合わせる。
4　器にレタスを盛り、きゅうりを散らし、ドレッシングをまわしかける。

トマトのスープ

トマトを皮ごと焼いて甘みを引き出してからスープにします。
トマトが苦手な方にもおいしいと評判です。
温めても、冷やして氷を浮かべても。

材料（4人分）
トマト（中）　6個
にんにく　1かけ
バジルの葉　2枚
赤ワインビネガー　小さじ1
塩　適宜
セミドライトマト　4個
オリーブ油　適宜

作り方
1　トマトはへたを取り、オーブンシートを敷いた天板に並べる。にんにくは皮ごとアルミ箔で包み、トマトと一緒に180度のオーブンで20～30分焼く。
2　トマトの粗熱が取れたらミキサーに入れ、皮をむいたにんにく、バジルの葉を加えてなめらかになるまで撹拌する。赤ワインビネガー、塩で味を調え、容器に移して冷蔵庫で冷やす。
3　器に2を注ぎ、セミドライトマトをのせ、オリーブ油をまわしかける。

〈セミドライトマトの作り方〉
ミニトマト20個はへたを取り、横半分に切る。オーブンシートを敷いた天板に並べ、塩を適宜ふる。180度のオーブンで1時間焼き、天板にのせたまま冷ます。すぐに使わない場合は、清潔な容器に入れ、オリーブ油をひたひたに注いで保存。残った油はドレッシングなどに使える。

鶏むね肉のカツレツ パレルモ風

本来のパレルモ風カツレツは、薄い子牛肉を使うシチリアの家庭料理ですが、わが家では鶏むね肉を使っています。少しの油で手軽に作れる満足感のある一品です。きれいなきつね色に揚げるのがおいしい秘訣。「揚げ物はナイスブラウンにね」という石黒先生の言葉が聞こえてくるようです。

材料（2人分）
鶏むね肉　2枚
（塩、こしょう　各適宜）
卵　1個
パン粉（細かいもの）　1カップ
パルメザンチーズ　¼カップ
揚げ油
つけ合わせの野菜、レモン
　各適宜

作り方

1　鶏むね肉は皮を取り除き、厚みのある部分を観音開きにして厚みを均一にする。上にラップをのせ、肉たたきや瓶などでたたいて薄くする。両面に塩、こしょうをふる。

2　バットに卵を溶きほぐし、鶏肉を浸けて10分おく。

3　2の余分な卵液をきり、パン粉、パルメザンチーズを合わせた衣を押しつけるようにしっかりつける。

4　フライパンに肉の厚さの半分ほどの油を中火で熱し、3をこんがり両面揚げる。器に盛り、野菜とレモンを添える。

＊　観音開きにした鶏肉を、たたいてさらに薄くします。卵液に浸けおくことで肉がやわらかくなります。

＊　このカツレツで作るサンドイッチも人気です。

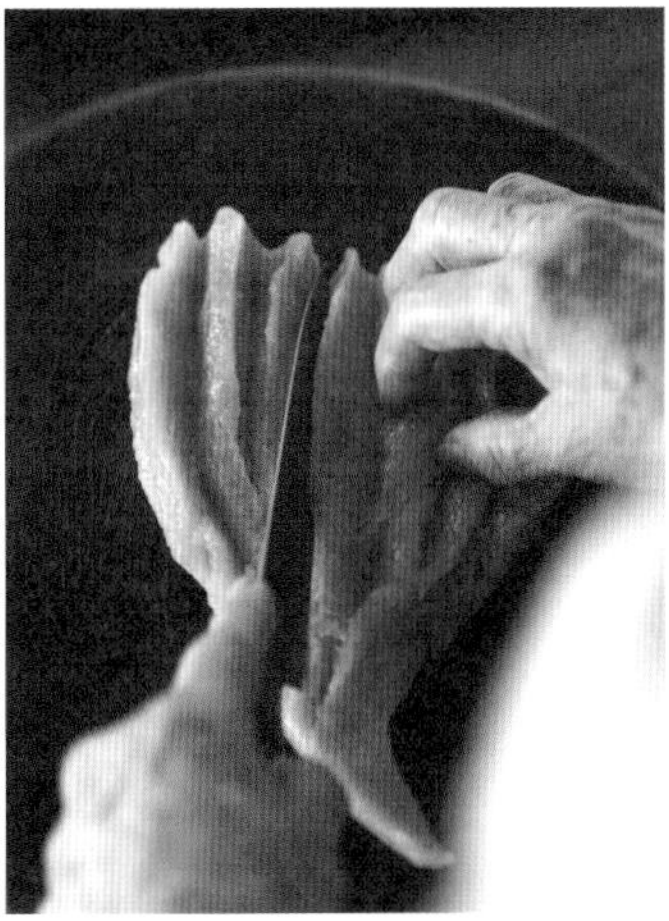

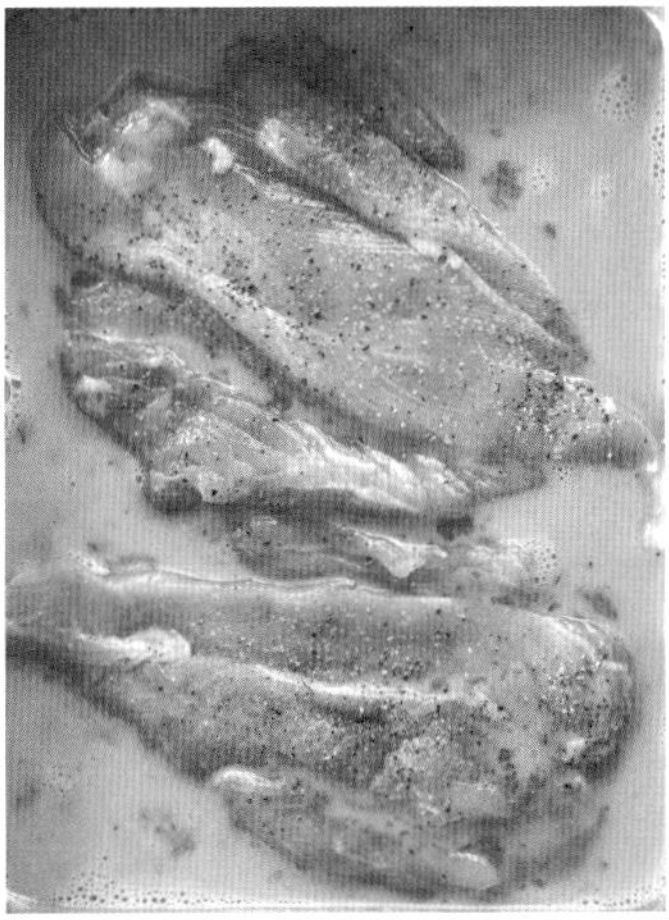

カリカリポテトの白身魚包み

外のポテトはカリッ、中の魚はフワッ。
口にした瞬間においしいと声があがる一品。子どもにも大人にも大人気。

材料（4人分）
じゃがいも　2個（塩　少々）
白身魚（すずき、鯛など）
　100g（塩、こしょう
　各少々）
かたくり粉　大さじ2
揚げ油

作り方
1　じゃがいもはマッチ棒大に切る。軽く塩をふり、混ぜて水気を絞り、かたくり粉をまぶす。
2　魚は4等分にし、両面に軽く塩、こしょうをふる。
3　じゃがいもの⅛量を丸く平らに広げ、魚を1切れのせ、さらに上から⅛量のじゃがいもをかぶせて軽く押さえる。これを4つ作る。
4　小さめのフライパンに、深さ3cmほどの油を中火で熱する。3を木べらにのせ、滑らせるように入れる。油から出ている部分はスプーンで油をかけながら揚げ、下の面がきつね色になったら裏返し、両面をカリカリに揚げる。

＊　じゃがいもは、揚げる前に軽く塩をふり水分を出します。塩が多すぎると水分がいくらでも出てくるので、塩の量は少なめに。
＊　小さなフライパンを使うと少量の油ですみます。

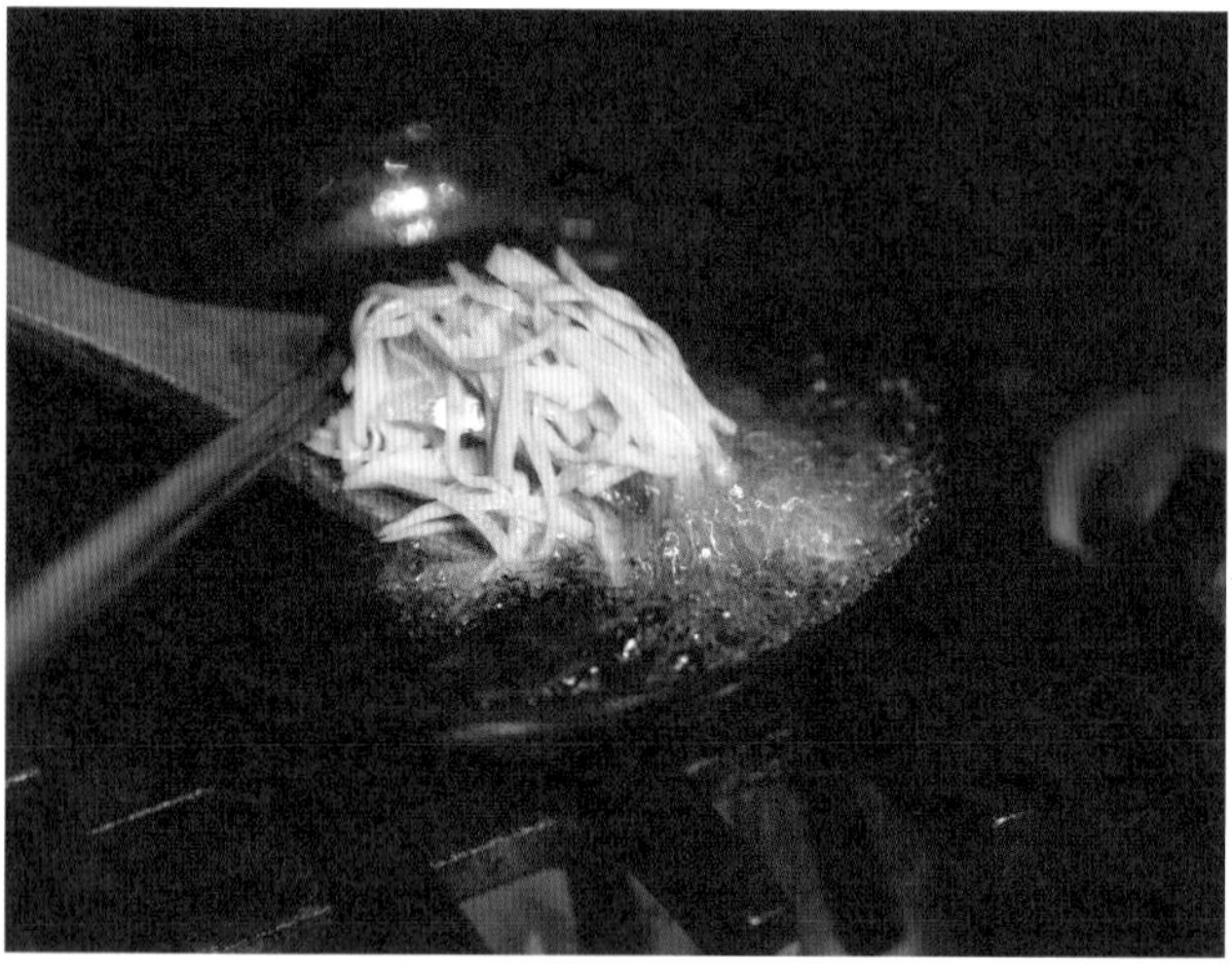

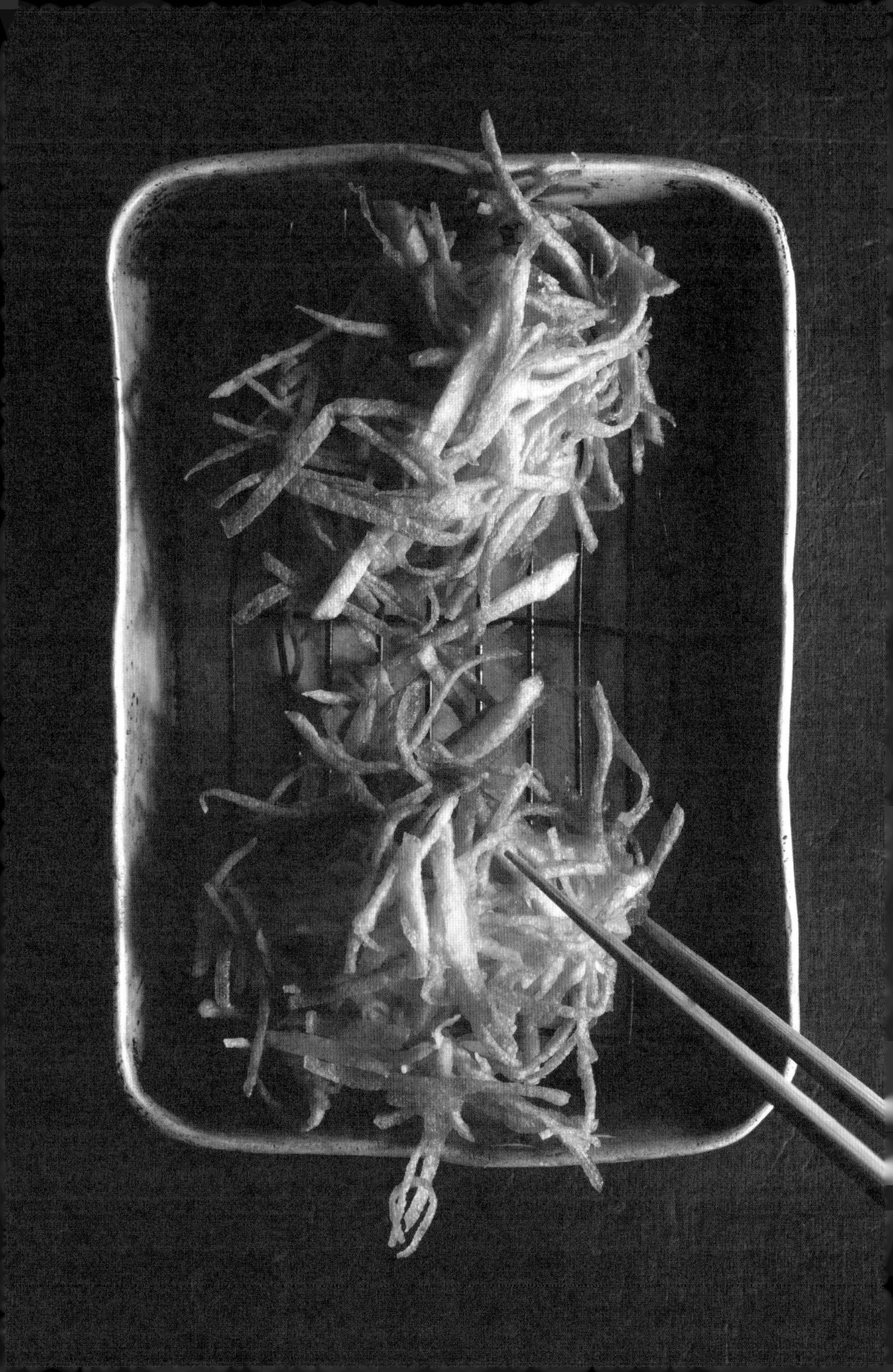

かつおのガーリック焼き

かつおを焼く前にガーリックパウダーをふり、ガーリック油で表面は香ばしく、中は半生に焼きます。いつものかつお料理とは違い、かつおが苦手な人にも好評な一皿。

材料(4人分)
かつお　1節(塩　少々)
新玉ねぎ　1個
みょうが　3個
A
レモン汁　大さじ3
薄口しょうゆ　大さじ3
ガーリック油　大さじ3
塩、こしょう　各適宜
ガーリックパウダー　適宜
ガーリックチップ　2かけ分
オリーブ油　少々

作り方

1　かつおは血合いを取り除き、軽く塩をふって15分おき、水気をふく。1・5㎝厚さに切ってバットに並べ、塩、こしょう、ガーリックパウダーをふる。

2　新玉ねぎは薄切りにする。みょうがは薄い小口切りにする。

3　フライパンを強火にかけてオリーブ油を熱し、かつおの両面をさっと焼く。

4　器に3を盛り、2をのせ、混ぜ合わせたAをまわしかけ、ガーリックチップを散らす。

＊　かつおは完全に火を通すとかたくなるので、中がレアの状態に仕上げます。

＊　野菜は紫玉ねぎ、万能ねぎなどをお好みで加えてください。

〈ガーリックチップとガーリック油の作り方〉
小さなフライパンにオリーブ油大さじ3強、にんにくの薄切り2かけ分を入れて弱火にかける。じっくりと火を入れ、にんにくの水分が抜けてきつね色になったら取り出し、油をきる。残った油がガーリック油に。

鯛茶漬け

簡単なお昼に、お酒の後に、とても重宝な一品。
みそとごまが入ったこくのあるたれがおいしく、
鯛があればいつでもどこでも作れます。
お茶漬けにする前に、まずは温かいご飯で楽しんで。

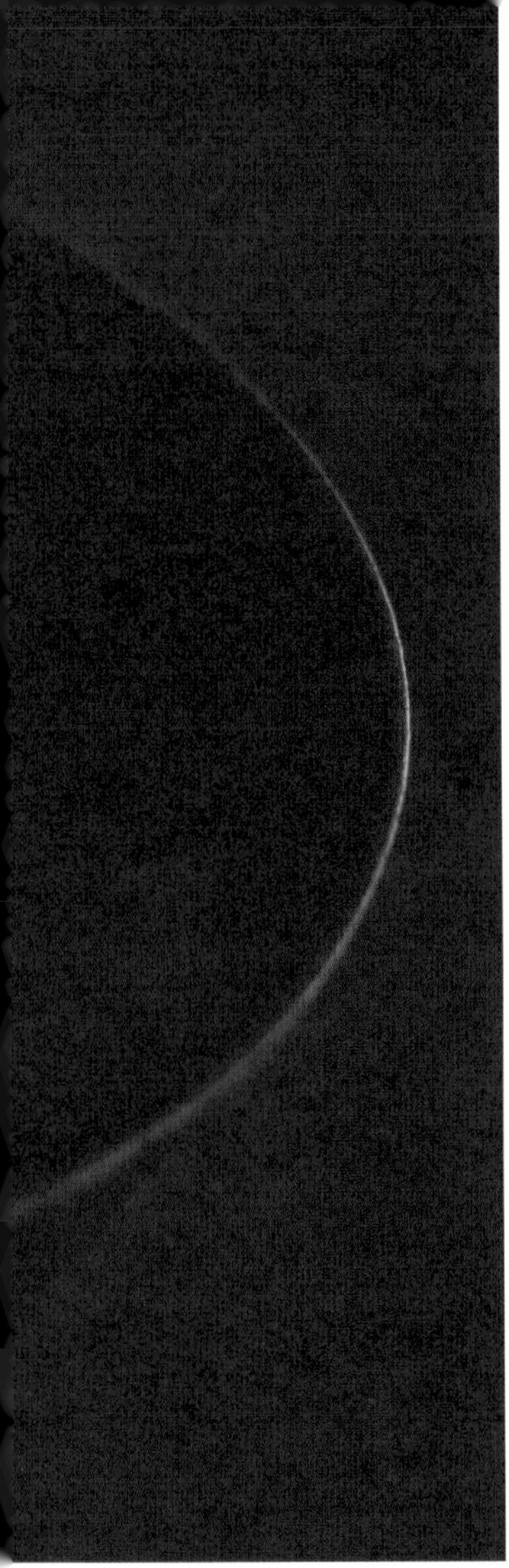

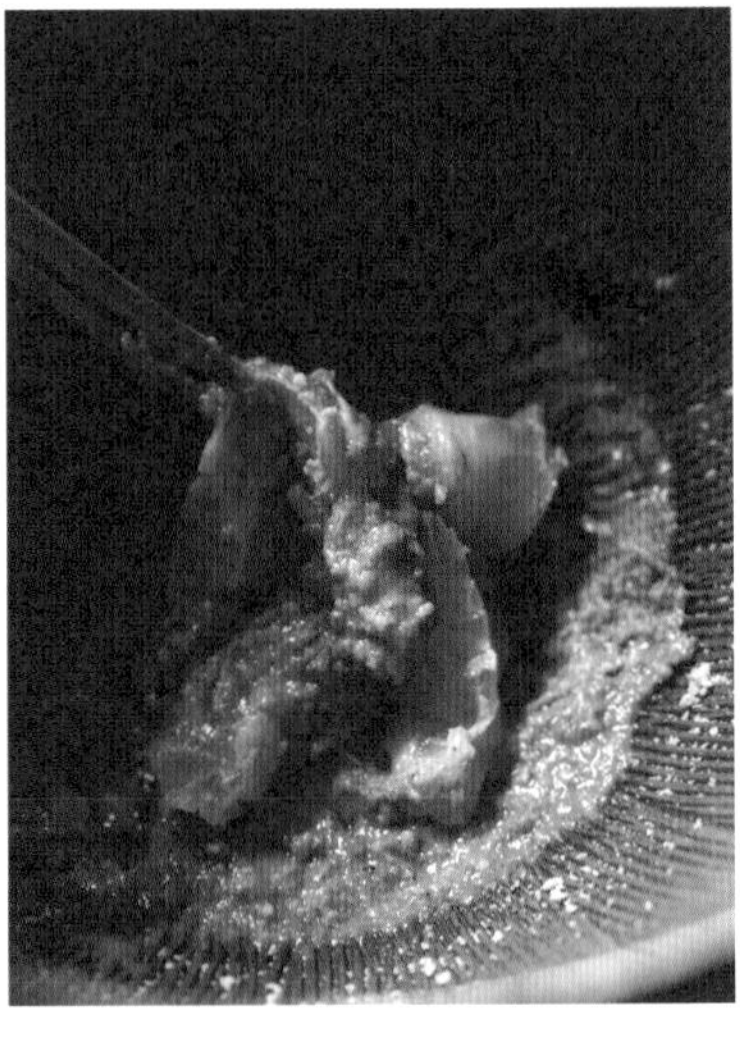

材料（2人分）
鯛　1さく（150g〜）
ごまだれ
しょうゆ　大さじ1½
炒りごま（白）　大さじ1
練りごま（白）　大さじ1
赤みそ　小さじ1
酒　小さじ1
みりん　小さじ1

ご飯　2杯分
三つ葉　⅓束
わさび、のり　各適宜
煎茶　適宜

作り方

1　鯛は5㎜厚さのそぎ切りにする。三つ葉は3㎝長さに切る。

2　ごまだれを作る。すり鉢に炒りごまを入れて、ごまの粒が少し残るぐらいにする。残りの材料を加えて混ぜ合わせ、鯛を加えてあえる。

3　温かいご飯に2をのせ、三つ葉、わさび、ちぎったのりをのせ、熱い煎茶をかけていただく。

＊　ごまはすりたて、わさびはおろしたてを使うと、ぐっと香りが際立ちます。

＊　煎茶の代わりに昆布だしでも、両方を混ぜてもお好みで。

和風ラタトゥイユ

鍋一つででき、鶏肉を入れることで
野菜たっぷりの主菜になります。
しょうゆと黒酢を加えた味つけはご飯にもよく合います。

材料（4人分）
鶏もも肉　2枚（約400g。
　塩麹　大さじ2）
なす　4本
ズッキーニ　1本
パプリカ（赤、黄）　各1個
トマト（小）　4〜5個
にんにく（みじん切り）
　1かけ分
A
├黒酢　¼カップ
│酒　¼カップ
└薄口しょうゆ　大さじ1
サラダ油　大さじ2

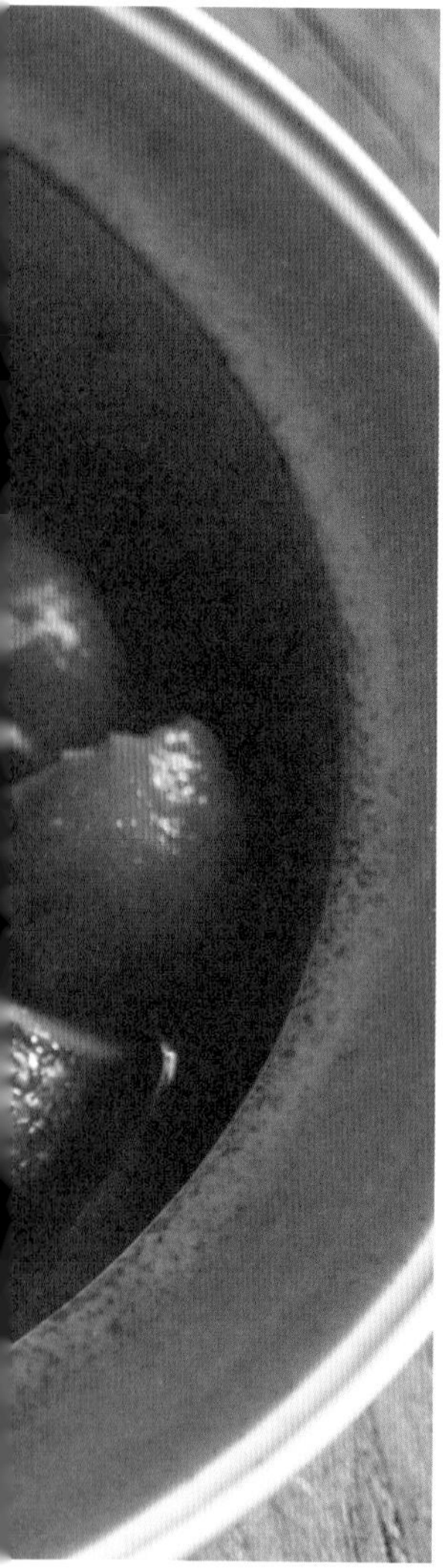

作り方

1　鶏もも肉は余分な脂を取り除き、ひと口大に切り、塩麹をまぶして20分おく。

2　トマトはへたを取り4等分に切り、他の野菜はひと口大の乱切りにする。

3　厚手の鍋を強火にかけてサラダ油大さじ1を熱し、鶏肉を炒める。残りのサラダ油を加え、にんにく、野菜を加えてさらに炒める。Aを加え、鍋底からひと混ぜし、ふたをして中火で20分煮る。野菜から水分が十分に出てきたらふたを取り、水分を飛ばすように10～20分煮る。

＊　鶏肉に塩麹をまぶしてから炒めることでこくが出ます。

豚のオーソブッコ

わが家の定番煮込み料理の一つ。
オーソは骨、ブッコは穴。本来は骨つき牛すね肉を使う
イタリアの煮込み料理ですが、わが家は豚で、野菜をたっぷり加えて作ります。
煮込み料理のわりにさっぱり味。前もって作っておけるので
お客さまのときにも便利です。

材料（4人分）

豚肩ロース肉（塊）　800g
（塩、こしょう、強力粉　各適宜）
玉ねぎ　1個
セロリ　1本
にんじん　1本
トマト（中）　2個
チキンブイヨン（182ページ参照）　4カップ
白ワイン　1/4カップ
にんにく（みじん切り）　2かけ分
塩　小さじ1
ローリエ　1枚
オリーブ油　大さじ4
フレッシュハーブ（タイムなど）　適宜

作り方

1　豚肩ロース肉は余分な脂を取り除き、大きめのひと口大に切り、塩、こしょうをふって強力粉をまぶす。野菜はそれぞれ1・5cm角に切る。

2　フライパンを中火にかけてオリーブ油大さじ2を熱し、豚肉の全面に焼き色をつけ取り出す。フライパンに残った余分な脂を捨て、チキンブイヨン1カップと白ワインを加え、ひと煮立ちさせる。

3　煮込み用の鍋を中火にかけて残りのオリーブ油、にんにくを入れ、香りが立ったら玉ねぎを加えて炒め、玉ねぎがすき通ったらセロリ、にんじんを加えてさらに炒める。

4　3に2の豚肉とスープ、残りのチキンブイヨン、塩、ローリエを加える。沸騰したらアクを取り、弱火にして30分煮て、トマトを加えてさらに30分煮込む。

5　温めた器に4を盛り、ハーブを添える。

＊　2で、フライパンに残った肉のうまみをスープに移します。

豚肉とじゃがいものマスタードソース オーブン焼き

じゃがいもと豚肉の家庭的なオーブン料理。
生クリームとマスタードを混ぜるだけでこくのあるソースに。
厚切りのロース肉を使うとメインディッシュになります。

材料（5人分）
豚ロース肉（厚切り） 5枚
（塩 少々）
白ワイン ½カップ
じゃがいも 5〜6個
玉ねぎ 2個
にんにく（中） 1かけ
生クリーム 1カップ
粒マスタード 大さじ3
塩、こしょう 各適宜
サラダ油 適宜

作り方

1 豚ロース肉は余分な脂を取り除き、筋切りをして、両面に軽く塩をふる。

2 じゃがいもは3〜4㎜厚さに切る。玉ねぎは薄切り、にんにくはみじん切りにする。

3 フライパンを強火にかけて少量のサラダ油を熱し、豚肉の両面にさっと焼き色をつけて取り出す（中まで完全に火を通さなくてもいい）。

4 3の余分な脂を捨て、白ワインを注ぎ、フライパンに残った豚肉のうまみと共にボウルに移す。

5 4のフライパンにサラダ油大さじ2〜3を足し、にんにく、玉ねぎを中火で炒め、玉ねぎがすき通ったらじゃがいもを加えて炒め、塩、こしょうをふる。

6 耐熱皿に5の半量を敷き、その上に豚肉を並べ、残りの5を重ねる。

7 4のボウルに生クリーム、粒マスタード、塩、こしょうを各少々加えて混ぜ、6にかける。

8 7を190度のオーブンで45分焼く。

＊ 耐熱皿に残ったソースは、ゆでたパスタ（リングイーネがおすすめ）にからめてつけ合わせに。

中華ちまき

子どもの友だちが遊びに来たときにいつでも食べられるように、たくさん作って冷凍しておいたものです。誰もが好きな味で、冷めてもおいしく、差し入れや持ち寄りにも喜ばれます。家庭ではアルミ箔で包むのが手軽ですが、差し入れには竹の皮を使って。

材料（12個分）

- もち米　2カップ
- 豚ロース肉（薄切り）　200g（酒　大さじ1）
- ゆでたけのこ　70g
- 干し椎茸　3〜4枚
- 椎茸のもどし汁　½カップ
- 松の実　大さじ3
- **A**
  - しょうゆ、酒　各大さじ2
  - 砂糖　大さじ1
  - 塩　小さじ1
- チキンブイヨン（182ページ参照）　1カップ
- サラダ油　大さじ6
- 竹の皮（またはアルミ箔）　12枚

※竹の皮はぬるま湯に浸し水気をふき、30cmほど残して両端を切る。長辺の端を5mmさいてひもにする。

作り方

1　もち米は洗い、5〜6時間水に浸し、ざるに上げて水気をよくきる。干し椎茸は水でもどす。

2　豚ロース肉は細切りにし、酒をふりかける。ゆでたけのこは粗みじん切りに、干し椎茸は軸を除いて5mm角に切る。

3　鍋を中火にかけてサラダ油大さじ3を熱し、豚肉を炒め、火が通ったらたけのこ、椎茸を加えてさらに炒め、Aを加えて炒め合わせる。

4　3の具を取り出し、残りのサラダ油を熱し、もち米を入れてすき通るまで炒める。チキンブイヨン、椎茸のもどし汁を加えて具をもどし入れ、汁気がなくなるまで炒め、松の実を加えて火を止める。

5　竹の皮（アルミ箔）の内側にサラダ油（分量外）をハケで薄く塗り、4を包み、竹の皮のひもで結ぶ。

6　5を蒸気の上がった蒸し器で30分蒸す。

＊　蒸し上げたちまきは、そのまま冷凍できます。食べるときは蒸すか、電子レンジで温めて。

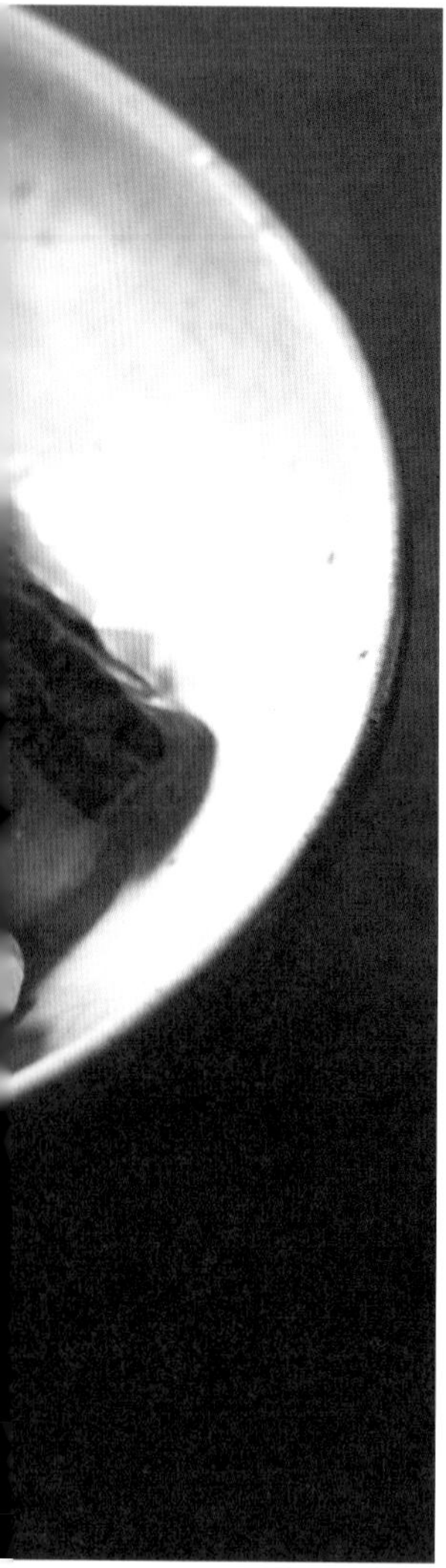

鶏むね肉ときゅうり、セロリの黒酢炒め

本当に時間がないとき、急ぐときに役立つ料理。
きゅうりは生で食べるものと思っていましたが、
炒めることを覚えると、料理の幅がぐんと広がります。
材料がシンプルなわりに、しっかりとした味。何度も助けられました。

材料（4人分）
鶏むね肉　1枚（約200g）
きゅうり　2本
セロリ　1本
A
しょうゆ　大さじ½
酒　大さじ½
かたくり粉　大さじ2
にんにく（薄切り）　1かけ分
赤とうがらし（種を取る）　1本
B
しょうゆ　大さじ2
黒酢　大さじ2
サラダ油　大さじ3

作り方
1　鶏むね肉は厚さを半分に切り、1・5cm幅の短冊に切ってバットに並べ、Aをもみ込む。汁気をふき、かたくり粉を1切れずつ全体にまぶす。
2　きゅうりは縦半分に切り、種をスプーンでこそげ取る。さ

らに縦半分にし、長さを4等分に切る。セロリはきゅうりと同じぐらいの大きさに切る。

3　フライパンを中火にかけてサラダ油大さじ1½を熱し、鶏肉の両面をしっかり焼き、取り出す。

4　3のフライパンをペーパータオルでふき、残りのサラダ油を熱し、にんにく、赤とうがらしを加えて炒める。香りが立ったら2を加え、強火にしてさっと炒め合わせ、鍋肌からBを加えて野菜にからめる。

5　4に鶏肉をもどし入れ、強めの中火で汁気がなくなるまで炒める。

＊　パサつきがちな鶏むね肉をしょうゆと酒でマリネしておくことで、下味がつき、肉がしっとりします。

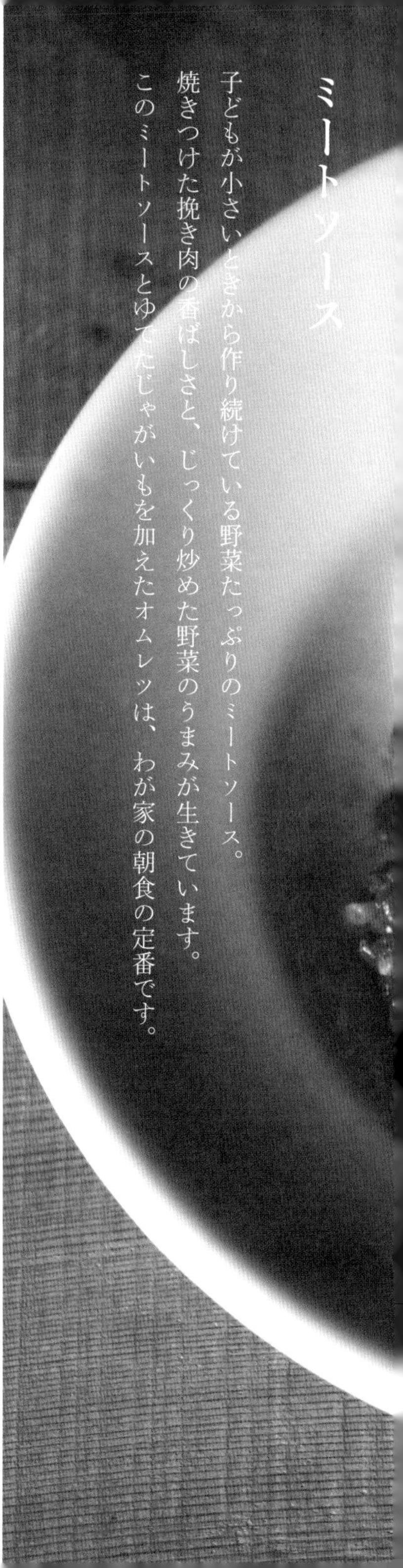

ミートソース

子どもが小さいときから作り続けている野菜たっぷりのミートソース。
焼きつけた挽き肉の香ばしさと、じっくり炒めた野菜のうまみが生きています。
このミートソースとゆでたじゃがいもを加えたオムレツは、わが家の朝食の定番です。

材料（作りやすい分量）
牛、豚挽き肉　各200g
玉ねぎ　1個
にんじん　1本
セロリ　1本
椎茸　4枚
にんにく　2かけ
トマトの水煮（ホール）　2缶（800g）
チキンブイヨン（182ページ参照）　1カップ
赤ワイン　½カップ
ローリエ　1枚
塩、こしょう　各適宜
オリーブ油　大さじ3½

作り方

1　野菜、にんにくはみじん切りにする。にんじんは皮ごと、セロリは葉も、椎茸は軸も刻む。

2　フライパンを弱火にかけてオリーブ油大さじ2を熱し、にんにくを炒める。香りが立ったら野菜、塩少々を加え、弱めの中火で15分じっくり炒め、煮込み用の鍋に移す。

3　ボウルに牛、豚挽き肉、塩少々を入れてよく混ぜ合わせる。2のフライパンに残りのオリーブ油を熱し、挽き肉を広げて中火でしっかり焼きつける。塊になった肉を返し、余分な脂はペーパータオルでふき取りながら裏面もしっかり焼きつける。両面に焼き色がついたら軽くほぐし、さらに軽く炒める。

4　2の鍋に3を入れ、トマトの水煮、チキンブイヨン、赤ワイン、塩小さじ1、ローリエを加えて強火にかける。煮立ったら弱火にし、30～40分ときどき混ぜながら煮詰め、塩、こしょうで味を調える。

＊　合挽き肉ではなく、脂身の少ない牛と豚挽き肉を使います。最初からポロポロに炒めず、薄いハンバーグを作るように焼きつけてからほぐすのがコツ。

＊　野菜を炒めるときに、塩を早めに加えると、水分が早く出てうまみが凝縮します。

めかじきのソテー　おろし大根ソース

一年を通して手に入るめかじきは、日々の晩ご飯の強い味方。大根おろしたっぷりのソースでいただくこの一皿は、たびたび食卓に上るほど人気です。

材料（2人分）
めかじき　2切れ
（塩、こしょう　各少々）
大根おろし　80g
セロリ　40g
玉ねぎ　20g
きゅうり　½本
A
ポン酢　大さじ2
オリーブ油　大さじ2
レモン汁　小さじ1
ゆずこしょう　小さじ½
オリーブ油　適宜
好みで黒こしょう（粗挽き）　適宜

作り方
1　大根おろしは軽く水気をきる。
2　セロリ、玉ねぎ、きゅうりは、5㎜角に切る。
3　ボウルに1、2を入れ、Aを加えて混ぜる。
4　めかじきは、塩、こしょうをふる。
5　フライパンを中火にかけてオリーブ油大さじ1を熱し、めかじきの両面をさっと焼く。
6　器に5を盛り、3をのせ、オリーブ油をまわしかけ、好みで黒こしょうをふる。
＊　めかじきは火を通しすぎるとかたくなるので注意します。
＊　大根は鬼おろしでおろすと食感よく仕上がります。

いかと長いも、きゅうりの柚子こしょう炒め

身近な食材であっという間にできるスピード料理。
柚子こしょうのさっぱり味で。

材料（2人分）
いか（胴）　1杯分
長いも　200g
きゅうり　1本
A
─薄口しょうゆ　大さじ1
─柚子こしょう　小さじ½
塩　少々
実山椒　少々
太白ごま油　大さじ2

作り方
1　いかは皮をむき、包丁で縦に細く切り込みを入れ、3cm長さ、1・5cm幅の短冊に切る。
2　長いもは皮をむき、3cm長さ、8mm角の拍子木切りにする。
3　きゅうりは皮をむいて縦半分に切り、種をスプーンでこそげ取り、4cm長さの斜め切りにする。
4　フライパンを強火にかけて太白ごま油を熱し、長いも、きゅうりをさっと炒める。いかを加えて炒め、いかに8割火が通ったら、混ぜ合わせたAを加えて全体にからめる。塩で味を調え、実山椒を散らし、器に盛る。

＊　いかと野菜を丁寧に切り揃え、火を通しすぎないように。
＊　いかは皮をむいて冷凍しておくと、いつでも使えて便利。

コック・オ・ヴァン

フランス、ブルゴーニュ地方の、鶏肉を赤ワインで煮た伝統料理。秋も深まる頃になると作りたくなる、家族が好きな煮込み料理です。飲むものと同じワインを料理に使うのが、小さなこだわりです。思ったより短時間で深みのある味に仕上がります。

材料（5〜6人前）
骨つき鶏もも肉　3本（塩、こしょう、強力粉　各適宜）
にんにく（つぶす）　2かけ
ブランデー　大さじ2
赤ワイン　3カップ
チキンブイヨン（182ページ参照）　2カップ
A
ローリエ　1枚
タイム　適宜
塩　小さじ2
塩、こしょう　各適宜
バター、サラダ油　各大さじ1½
ガルニチュール（つけ合わせ）
ベーコン　100g
マッシュルーム　10個
小玉ねぎ　12個
バター　小さじ1
塩、砂糖　各少々

作り方

1　骨つき鶏もも肉は大きめのぶつ切りにし、両面に塩、こしょうをふり強力粉をまぶす。

2　鍋を弱火にかけてバター、サラダ油を熱し、にんにくを炒める。香りが立ったら鶏肉を入れ、中火で両面にしっかり焼き色をつける。

3　2の余分な脂を捨て、ブランデーを加えて強火にし、アルコール分を飛ばして香りをつける。赤ワイン、チキンブイヨン、Aを加え、煮立ったらアクを取り、弱火にして30分ほど煮る。

4　ガルニチュールを作る。ベーコンは5㎜角の棒状に切る。マッシュルームは4等分に切る。小玉ねぎは皮をむく。フライパンを中火にかけてバター少々（分量外）を熱し、ベーコンを炒め、マッシュルームを加えてさらに炒める。小鍋に小玉ねぎとひたひたの水、バター、塩、砂糖を入れ、落としぶたをして小玉ねぎがやわらかくなるまで弱火で煮て、水気をきる。

5　3の鶏肉を取り出して煮汁を少し煮詰める。鶏肉を戻し、ガルニチュールを加え、さらに4〜5分煮る。塩、こしょうで味を調え、器に盛る。

＊　骨つき肉を使うと、骨からうまみが出ておいしくなります。

＊　鶏肉は長く煮ると肉がバラバラになるため、いったん取り出してスープを煮詰めます。

＊　栗の時季には栗を加えると、ほんのり甘く、こっくりとした味になります。好みでマッシュポテトを添えて。

牛肉とごぼうの当座煮

当座（4～5日）の間、日持ちすることから当座煮。
誰もが好きな家庭の味が、鍋一つで簡単にできます。
隠し味はみそ。こくが出て、短時間で作ったとは思えない味わいです。

材料（4人分）

牛肉（赤身、薄切り）　300g
ごぼう　1本～1本半
（約200g）

A
しょうが（すりおろす）　40g
三温糖　大さじ4
しょうゆ　大さじ3
酒　大さじ3
水　大さじ3

赤みそ　大さじ1

作り方

1　ごぼうはタワシで洗い、細めで長めの乱切りにし、水にさらしてすぐにざるに上げ、水気をきる。

2　牛肉は3～4㎝幅に切る。

3　深めのフライパンにごぼうを敷き、その上に牛肉を広げる。よく混ぜ合わせたAをまわしかけ、弱めの中火にかけ、2～3分おく。全体を木べらで軽く混ぜ、煮汁が全体にまわったらふたをして、途中で2～3回混ぜながら10分蒸し煮にする。

4　煮汁が少なくなってきたら、煮汁を少量ボウルに取り赤みそを溶き、3にまわし入れ、1分煮て火を止める。

＊　ごぼうは皮と実の間に香りとうまみがあるので皮ごと使い、火が入りやすいよう乱切りに。

塩さばの鬼おろしあえ

焼いた塩さばが、さっぱりとした副菜に。
ヘルシーで、飽きのこない一品です。
冷凍庫においしい塩さばがあれば、
いつでも晩酌のつまみがさっと作れます。

材料（2人分）
塩さば　1枚
（三枚おろしの半身）
大根おろし　1カップ
玉ねぎ　¼個
しょうが　1かけ
柚子の皮（あれば）　少々
ポン酢　大さじ4
柚子こしょう　小さじ⅔

作り方
1　塩さばは焼いて皮と骨を取り除き、身をほぐす。
2　大根おろしは軽く水気をきる。玉ねぎはみじん切りにして水にさらし、水気をきる。しょうがはみじん切りにする。柚子の皮はよく洗い、せん切りにする。
3　ボウルに塩さば、2、ポン酢、柚子こしょうを混ぜ合わせ、器に盛る。

＊　大根は鬼おろしでおろすと食感よく仕上がります。
＊　真空パックされたおいしい塩さばは、そのまま冷凍しておくと、いつでも手軽に一品できます。

じゃがいも三杯酢

じゃがいもが、切り方、ゆで方しだいで気の利いた小鉢料理に変身します。

材料（2人分）
じゃがいも　2個
三杯酢
―酢　大さじ2
だし（182ページ参照）
　大さじ2
薄口しょうゆ　小さじ2
―みりん　少々
三つ葉の茎　1束分
焼きのり　適宜

作り方

1　ボウルに三杯酢の材料を入れて混ぜ合わせる。

2　じゃがいもはごく細いせん切りにし、水にさらす。沸騰した湯に入れ、10秒でざるに上げて水気をよくきり、熱いうちに1に浸す。

3　三つ葉の茎は熱湯でさっとゆで、水に放ち水気を絞り、3cm長さに切って2に加え、混ぜ合わせる。

4　器に3を盛り、食べる直前にちぎったのりを添える。

＊　じゃがいもは加熱しすぎず、シャキシャキ感を残して。

和食では、お肉や魚などの主菜に添えるものをお皿の手前に添えるとき「前盛り」、また、脇に添えるとき「添え盛り」と言います。

鮭の幽庵焼き

密封保存袋に鮭と漬け地を入れるだけで、幽庵焼きが簡単にできます。多めに作って冷凍しておくと、お弁当やとっさのときにとても便利です。鮭はサーモンの刺身用のさくで作ると骨も皮もなく、形が揃い、子どもやお年寄りの方も食べやすくなります。

材料（3人分）
生鮭　3切れ（塩　適宜）
幽庵地
―しょうゆ　大さじ3
　酒　大さじ2
―みりん　大さじ2
大根おろし、柚子の皮
（よく洗い、刻む）　各適宜
すだち　適宜

作り方
1　生鮭は両面に軽く塩をふって15分おき、水気をふく。
2　密封保存袋に鮭と幽庵地を入れ、1時間漬ける。
3　鮭を取り出してペーパータオルで汁気をふき、網、またはフッ素樹脂加工のフライパンで焼く。
4　大根おろしの水気を軽く絞り、柚子の皮をふる。
5　器に鮭を盛り、手前に4とすだちを添える。

＊　魚を地に漬け込むときは、先に軽く塩をふり、出てきた水気をふき、魚の臭みを取ります。

大根と豚肉のさっぱり炒め煮

しょうがたっぷりで、酢の酸味が効いた、ご飯がすすむ家庭の味。
毎日食べても飽きない人気の常備菜です。
大根の皮は厚めにむき、無駄なく即席漬けに。

材料（4人分）
大根　2/3本（約600g）
豚肉（しょうが焼き用）
　200g
しょうが　30g
赤とうがらし　1本
A
しょうゆ　大さじ3
みりん　大さじ2
酢　大さじ2
サラダ油　大さじ2
大根の葉　適宜

作り方
1　大根は6cm幅の輪切りにし、皮を厚めにむき、7mm角の棒状に切る。豚肉は細切りにする。
2　しょうがは皮をむき、細切りにする。赤とうがらしは種を取って輪切りにする。
3　大きめのフライパンを強火にかけてサラダ油を熱し、2を炒める。香りが立ったら豚肉を加え、火が通ったら大根を加えてさらに炒める。大根がすき通ったらAを加え、調味料が全体にまわったらふたをして蒸し煮にする。途中でときどきふたをあけて混ぜ、大根の食感が残るぐらいで火を止め、しばらくおく。
4　大根の葉はさっとゆでて細かく刻み、3に加えて混ぜ、器に盛る。

＊大根を細く切るので火が通りやすく、味が入りやすくなります。
＊具材を炒めて調味料を加え、蒸し煮にすることで早く煮え、味がしっかり入ります。

大根の皮の即席漬け

厚く向いた皮は食感もよく、
満足感のある箸休めに。

材料（作りやすい分量）
大根の皮　⅔本分
A
しょうゆ　大さじ4
酒　大さじ2
酢　大さじ1
昆布（細切り）　少々
赤とうがらし（種を取って輪切り）　1本分

作り方
1　大根の皮は3〜4時間陰干しし、1㎝幅のそぎ切りにする。
2　容器にAを入れ、大根の皮を2〜3時間漬ける。
＊そぎ切りにすることで味が入りやすくなります。

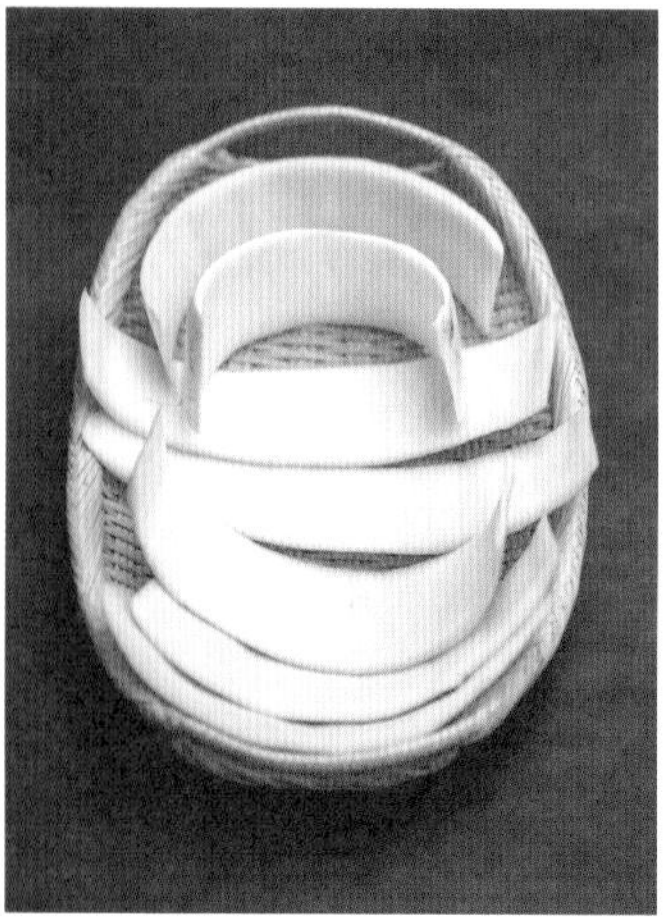

第4章

人が集まるときに

そばの花を片口に生けて。
一器三様とは一つの器をいろいろな用途で使うこと。
日頃酒器として使っている片口を花器にしました。

人が集まるときにどんな料理を作っていいのかわからない、ということをよく聞きます。「簡単で効果的」。これが大人数の料理を考えるときに、私が大切にしていることです。作り方が簡単なだけでなく、煮込み料理のように前もって作っておけるもの、またオーブン料理のように、たっぷりの量である程度作っておき、直前に仕上げるものなど。そうすれば気持ちにゆとりができ、ゆったりとお客さまを迎えることができます。

「効果的」には、テーブルに出したときのサプライズ感、ライブ感、美しく華やかな料理の盛りつけ方やインパクトのある器などいろいろ工夫すると、いらした方との会話も弾み、楽しい食卓になります。

どうぞ気負わず、無理なく気楽に、自分なりのおもてなしを重ねていってください。

ディップ3種

前菜に、お酒のつまみに、また会話のお供に。
人数を気にせず、人が集まるときに重宝です。

カリフラワーのディップ

枝豆のフムス

トンナットソース

カリフラワーのディップ

カリフラワーとカレーの組み合わせが珍しく
食感も楽しめるディップです。

材料（作りやすい分量）
カリフラワー（小） 1株
A
クリームチーズ 大さじ2
（湯煎でやわらかくする）
マヨネーズ 大さじ1
レモン汁 小さじ1
カレー粉 小さじ1〜
（お好みで）
塩、こしょう 各適宜

作り方
1 カリフラワーは小房に切り分け、塩少々（分量外）を加えた湯で少しやわらかめにゆで、ざるに上げる。
2 ボウルにカリフラワーを入れ、少し粒が残るぐらいにフォークの背でつぶす。
3 別のボウルにAを入れてよく混ぜ合わせ、2を加えてさらに混ぜ合わせ、塩、こしょうで味を調える。
4 器に3を盛り、カレー粉（分量外）をふる。

トンナットソース

ツナとアンチョビーで作るイタリアのソース。
ゆで豚にかけるのが一般的ですが、
ディップとしてもおいしくいただけます。

材料（作りやすい分量）
ツナ（小） 1缶
A
アンチョビー 2枚
マヨネーズ 大さじ3
レモン汁 小さじ2
オリーブ油 大さじ2
塩、こしょう 各適宜
ケイパー 適宜

作り方
1 フードプロセッサーにツナ、Aを入れ、なめらかになるまで撹拌する。
2 ボウルに1を移し、塩、こしょうで味を調える。
3 器に2を盛り、ケイパーを飾る。

枝豆のフムス

中近東や地中海沿いの地域で食べられている豆のペースト。通常はゆでたひよこ豆を使いますが、いろいろな豆でも楽しめます。夏は枝豆で。

材料（作りやすい分量）
枝豆　100g（正味）
A
練りごま（白）　大さじ1
レモン汁　小さじ1
オリーブ油　大さじ3
塩、こしょう　各適宜
レモンの皮（よく洗い、すりおろす）　適宜

作り方

1　枝豆はやわらかめにゆで、さやから出す（飾り用に少し取りおく）。

2　フードプロセッサーに枝豆、Aを入れ、なめらかになるまで撹拌する。

3　ボウルに2を移し、塩、こしょうで味を調える。

4　器に3を盛り、枝豆を飾り、レモンの皮を散らす。

鶏と豚挽き肉のミートローフ

一度食べると誰もが必ず作りたくなるわが家のミートローフ。
メインディッシュに、オードブルに、サンドイッチに、
また持ち寄りにと、オールマイティなおすすめの料理です。

サンドイッチは、トーストしたパンに
マヨネーズとマスタードを合わせて塗り、
たっぷりのせん切りレタスと共に挟むとおいしいです。
ロシア漬け（122ページ参照）を添えて。

材料（24×8×6cmのパウンド型1台分）
鶏、豚挽き肉　各200g
玉ねぎ　½個
椎茸　4枚
にんにく　1かけ

A
セミドライトマト　40g（76ページ参照。粗く刻む）
パン粉　½カップ
チキンブイヨン（182ページ参照）　¼カップ
パルメザンチーズ　¼カップ
卵　1個
グリーンペッパー（乾燥）　大さじ1（粗く刻む）

塩　小さじ1½
こしょう　適宜
オリーブ油　大さじ2

作り方

1　玉ねぎ、椎茸、にんにくはみじん切りにする（椎茸は軸も使う）。

2　フライパンを中火にかけてオリーブ油を熱し、にんにく、玉ねぎを炒め、玉ねぎがすき通ったら椎茸を加えてよく炒め、取り出して冷ます。

3　ボウルに鶏、豚挽き肉を入れ、塩、こしょうを加えて手でよく混ぜる。

4　3に2、Aを加え、さらに手でよく混ぜ合わせる。

5　型にオーブンシートを敷き、4を詰めて台の上に落とし、空気を抜く。180度のオーブンで約40分焼く。

6　5の粗熱が取れたら型から外し、好みの大きさに切り、器に盛る。

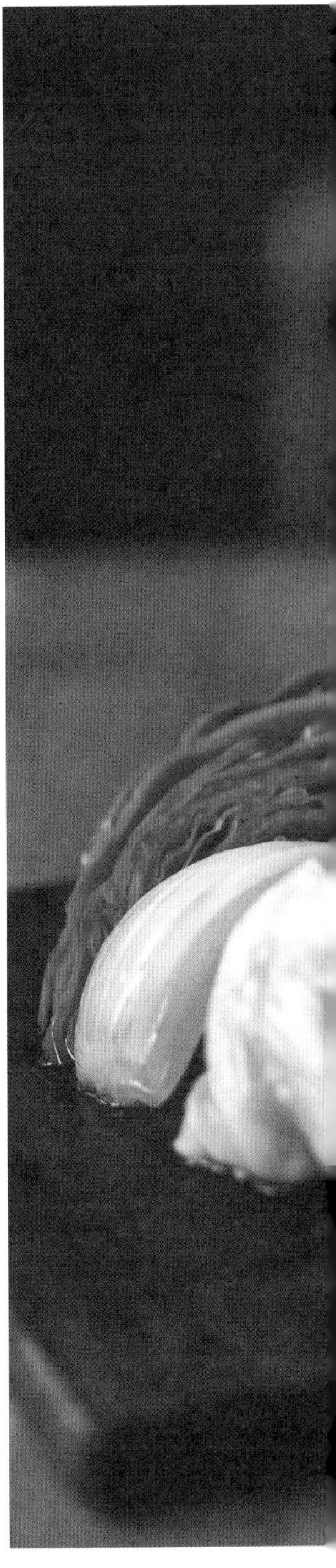

ロシア漬け

甘さ控えめのピクルス。
昔ロシア料理店で習ったもので、
味にも名前にもなぜか惹かれて作り続けています。

材料（作りやすい分量）
キャベツ　½個
漬け汁
酢　1¼カップ
水　1カップ
白ワイン　¼カップ
砂糖　大さじ2
黒粒こしょう　5〜6粒
ローリエ　2枚
にんにく　2かけ
赤とうがらし　2本

作り方

1 鍋に漬け汁の材料を入れ、中火にかけてひと煮立ちさせ、容器に移す。

2 キャベツは芯をつけたまま6等分のくし切りにする。

3 鍋にたっぷりの湯を沸かし、塩ひとつまみ（分量外）を加え、キャベツを10秒ゆでる。ざるに上げて水気をよく絞り、1に漬けてひと晩おく。

＊ 酢は普通の酢と味がまろやかな酢を半量ずつ使うと、仕上がりがやさしい味になります。

＊ 紫キャベツを使うと鮮やかな色に（ゆで時間は5分）。他の野菜でも作れます。

鶏レバーペースト　みそ風味

隠し味はみそと練りごま。
レバーが苦手な方にも好んでいただける一品です。

材料（作りやすい分量）
鶏レバー　200g
長ねぎ　80g
にんにく　1かけ
バター　30～40g
ブランデー　大さじ2
赤みそ　30g
練りごま（白）　大さじ1
塩、こしょう　各適宜

作り方

1　鶏レバーは氷水に30分放ち、臭みを取る。血と筋を取り除き、適当な大きさに切る。

2　長ねぎは小口切りにする。にんにくは薄切りにする。

3　フライパンを中火にかけてバターを熱し、2をよく炒める。レバーを加えてさらによく炒め、レバーにしっかり火が通ったら、ブランデーを加える。

4　フードプロセッサーに3を入れてペースト状にする。

5　鍋に4を移し、赤みそ、練りごまを加え、弱火にかけて木べらで大きく混ぜながら2～3分火にかけ、塩、こしょうで味を整える。

＊　レバーは新鮮なものを求め、氷水に浸して臭みを取り、血と筋をきれいに取り除きます。

スパイシーナッツ

カリッとして香ばしいキャラメルナッツと、スパイスの辛みがやみつきになるおつまみです。

材料（作りやすい分量）
ナッツ（アーモンド、ピーカンナッツ、カシューナッツ、クルミなどお好みで）　60g
きび砂糖（または三温糖）　60g
水　小さじ2
バター　5g
黒こしょう　大さじ1
カイエンヌペッパー　小さじ1

作り方
1　ナッツは140度のオーブンで15〜20分、カリッとするまでローストする。
2　鍋にきび砂糖、水を入れて中火にかける。ときどき鍋をゆすりながら加熱し、きつね色になってきたらナッツを加え、木べらでよく混ぜて火を止める。バターを加え、全体にからめるように混ぜ合わせる。
3　バットにオーブンシートを敷き、2が熱いうちに、ナッツがくっつかないように広げる。
4　3の上からスパイスをまんべんなくふり、そのまま冷ます。
＊　キャラメルの焦げ具合がポイントです。きつね色になるまでしっかり加熱します。

野菜のゼリー寄せ

緑鮮やかなゆで野菜を型に詰め、
アガーで固める涼やかな一品。
こくのある豆腐ソースを添えて。

材料（24×8×6㎝のパウンド型1台分）

グリーンアスパラガス　10本
おくら　10本
いんげん　10本
ブロッコリー　½株
万能ねぎ　1束
だし（182ページ参照）　3カップ
薄口しょうゆ　大さじ1
アガー　30g
豆腐ソース
- 木綿豆腐（水切りしたもの）　150g
- 白みそ　大さじ1
- 練りごま（白）　大さじ1
- 薄口しょうゆ　小さじ1

塩　少々

作り方

1　グリーンアスパラガス、おくら、いんげん、ブロッコリーは、塩（分量外）を加えた湯でほどよいかたさに色よくゆで、冷水に放ち水気をふく。万能ねぎは細い小口切りにする。

2　型にラップを張る。

3　鍋にだし、アガーを入れ、泡立て器でよく混ぜてから中火にかける。絶えず混ぜながら加熱し、沸騰する直前で火から下ろして薄口しょうゆを加える。

4　3が熱いうちに型に½カップ流し、その上に半量の万能ねぎを散らす。他の野菜を好みの組み合わせで詰め、残りの3を½カップ残して流す。上に残りの万能ねぎを散らし、残しておいた3を流す。ラップで覆い、冷蔵庫で冷やし固める。

5　豆腐ソースを作る。鍋に材料を入れて混ぜ合わせ、弱火で軽く火を入れる。

6　4を型から外し、好みの大きさに切って器に盛り、ソースを添える。

＊　アガーは常温で固まるので、だしが熱いうちに型に流します。

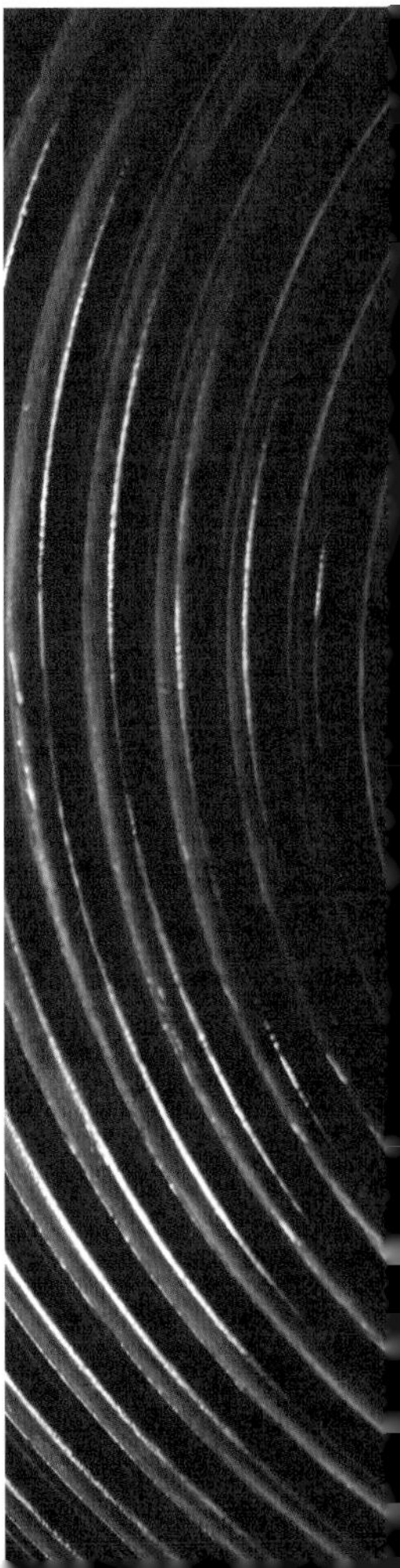

和風スペアリブ

箸で食べられるほど肉がやわらかく、大人も子どもも大好きな味。たくさん作って冷凍しておくと、不意のお客さまのときに重宝します。

材料（作りやすい分量）

スペアリブ　700〜800g

煮汁

オレンジジュース　¾カップ

しょうゆ　大さじ2

はちみつ　大さじ2

ケチャップ　大さじ3

オイスターソース　大さじ1

酒　大さじ2

砂糖　大さじ1

チキンブイヨン（182ページ参照）　2カップ

サラダ油　大さじ2

作り方

1　フライパンを中火にかけてサラダ油を熱し、スペアリブの全面に焼き色をつける。

2　鍋に煮汁の材料を入れて混ぜ、強めの中火にかける。煮立ったらスペアリブを加え、ひと煮立ちしたらアクを取って中火にし、ふたをして30分、煮汁が⅓ぐらいになるまで煮詰める。

豚肩ロースのバルサミコ漬け

ゆでた豚肉とつけ合わせの玉ねぎを同じ漬け汁に漬け込むだけでできる、おすすめの料理。焼豚の代わりにチャーハンやラーメンの具材にしたり、サンドイッチの具にしたり、作っておくと本当に便利。誰からも好まれる味で持ち寄りにも最適です。

材料（4人分）

豚肩ロース肉（塊）
　600〜700g
新玉ねぎ（薄切り）　2個分
長ねぎ（青い部分）　1本分
しょうが（薄切り）　1かけ分
漬け汁
―しょうゆ　½カップ
―バルサミコ　大さじ3
―酒　大さじ3
―みりん　大さじ3
好みのハーブ（イタリアンパセリ、ミントなど）　適宜

作り方

1　豚肩ロース肉は室温にもどし、外側の脂が多い場合は少し取り除く。

2　鍋に、豚肉がかぶる程度の湯を沸かす。長ねぎ、しょうが、豚肉を入れ、フツフツと静かに沸く火加減で45〜50分、途中で水が少なくなったら適宜足しながらゆでる。

3　密封袋に漬け汁の材料を入れ、ゆで上がった豚肉を温かいうちに加え、4〜5時間漬け込む。最後の30分で新玉ねぎを加えて一緒に漬け込む（新玉ねぎでない場合は、水にさらしてから漬ける）。

4　豚肉を薄く切り、新玉ねぎと共に器に盛り、ハーブを添える。

＊　豚肉はぐらぐら沸騰させずに静かに煮ると、しっとり仕上がります。熱いうちに漬け込むことで、味がよく入ります。

和風パエリア

炊飯器で作れる簡単パエリア。
大皿に盛り、オリーブとレモンを添え、オリーブ油をかけて。
あさりのうまみがたっぷりの、おいしく、おしゃれなご飯ものです。

材料（4人分）
米　2カップ
あさり　200g
玉ねぎ　1/3個
椎茸　4枚
チキンブイヨン　2カップ
（あさりのゆで汁と合わせて）
酒　大さじ2
サフラン　少々
塩　少々
三つ葉　1/2束
オリーブ（グリーン）　適宜
オリーブ油　大さじ2
レモン（くし切り）　適宜

作り方
1　米は、といでざるに上げて30分おく。
2　あさりは砂抜きし、酒、水1/4カップ（分量外）を入れた鍋に入れる。ふたをして中火にかけ、あさりの口が開いたら取り出す。
3　2のゆで汁とチキンブイヨンを合わせて2カップにし、サフランを加えてひと煮立ちさせ、色を出す。
4　玉ねぎは1cm角に切る。椎茸は軸を除き1cm角に切る。三つ葉はざく切りにする。
5　炊飯器に米、3、玉ねぎ、椎茸、塩を入れ、通常通りに炊く。炊き上がりに2で取りおいたあさりを加えて少し蒸らす。
6　あさりを取り出して全体をほぐし、器に盛る。あさり、三つ葉、オリーブを散らし、オリーブ油をまわしかけレモンを添える。
＊　新漬けの緑が鮮やかなオリーブが手に入れば、見た目がぐっと華やかになります。

鶏そぼろと香味野菜ご飯

おいしくて、インパクトがあって、しかも簡単。三拍子揃った、人が集まるときにぴったりのボリュームのあるご飯料理です。

材料（5〜6人分）
鶏もも挽き肉　200g
しょうが（みじん切り）
　大さじ2
にんにく（みじん切り）
　1かけ分
A
　酒　大さじ2
　しょうゆ　大さじ2
　赤みそ　大さじ2
　豆板醤　小さじ½
サラダ油　大さじ2
温かいご飯　米2カップ分
万能ねぎ　1束
三つ葉　1束
大葉　10枚
スプラウト　2パック
くるみ　⅓カップ

作り方

1　鶏そぼろを作る。フライパンを中火にかけてサラダ油を熱し、しょうが、にんにくを入れ、

香りが立ったら鶏もも挽き肉を加えてしっかり炒める。混ぜ合わせたAを加え、味がなじむまでよく炒め合わせる。

2 万能ねぎは1cm長さの小口切りにする。三つ葉は1cm長さに切る。大葉はざく切りにする。スプラウトは根元を切り落とす。くるみは炒って粗く刻む。

3 大皿にご飯を盛り、鶏そぼろをのせ、そのまわりに香味野菜をのせ、くるみを散らす。よく混ぜていただく。

＊ 鶏そぼろは多めに作って冷凍しておくとお弁当やそぼろあんなどさまざまに使えます。

鶏ささみの白みそ春巻き

白みそと実山椒がアクセントになり、おつまみにぴったり。
小さいサイズの皮で、細めに巻いて。

材料（6本分）
春巻きの皮（小）　6枚
鶏ささみ肉　2本
（酒、塩　各少々）
セロリ　1本
えごまの葉（または大葉）　6枚
白みそ　大さじ2
実山椒　大さじ1
揚げ油

作り方

1　鶏ささみ肉は縦3等分に切り、バットに入れて酒、塩をまぶし5分おく。

2　セロリは8㎝長さの細切りにする。

3　まな板に春巻きの皮を広げ、えごまの葉を置いて白みそを塗る。ささみ、セロリ、実山椒5～6粒をのせて巻き、巻き終わりを水で溶いた小麦粉（分量外）でとめる。

4　3を170度の油で色よく揚げ、器に盛る。

豚とレタスの常夜鍋

常夜鍋と言えば豚とほうれん草ですが、
レタスのほうが季節を問わず、食べやすく、手軽にできます。
梅干しと煎り酒のさっぱりしたたれで。
食欲がないときでも思わず何杯も食べてしまいます。

材料（2人分）

豚ロース肉（しゃぶしゃぶ用）
　250g〜
レタス　1個
セロリ　1本
にんにく（薄切り）　2かけ分
水、酒　各適宜
梅だれ
　梅干し（甘め）
　　2個（種を取り、粗くたたく）
　煎り酒　大さじ2

作り方

1　レタスは葉を1枚ずつはがし、大きめに手でちぎる。セロリはピーラーで薄切りにする。

2　梅だれの材料を混ぜ合わせる。

3　鍋に水、酒を2対1の割合で合わせ、にんにくを入れて強火にかける。煮立ったら弱火にし、レタスとセロリを入れ、豚ロース肉をさっとくぐらせて火を通し、梅だれでいただく。

＊　豚肉は火を通しすぎないように。

＊　締めはうどんがおすすめ。器にゆでた稲庭うどんを入れ、鍋のスープをかけ、塩、こしょうで味を調え、万能ねぎ、柚子の皮を散らしていただきます。

〈煎り酒の作り方〉

小鍋に酒1½カップ、ほぐした梅干し（大）1個分を入れて中火にかける。煮立ったらかつお節3～4gを加えて弱火にし、水分が半量になるまで煮詰めて漉す。

前菜3種

意外な味と食感の組み合わせ。
お酒がすすみます。

砂肝とセロリのしょうゆ麹炒め

いんげんのゴルゴンゾーラあえ

塩豚と奈良漬け白髪ねぎ

砂肝とセロリのしょうゆ麹炒め

砂肝を薄切りにして食感を楽しみ、クミンを隠し味に。

材料(作りやすい分量)

砂肝 150g
セロリ 1本
しょうゆ麹 大さじ1
黒七味、クミン 各適宜
サラダ油 大さじ1½

作り方

1 砂肝は薄切りにし、ボウルに入れてしょうゆ麹をからめる。
2 セロリは1㎝の斜め薄切りにする。
3 フライパンを中火にかけてサラダ油を熱し、砂肝を炒め、8割火が通ったらセロリを加えて手早く炒める。黒七味、クミンで味を調え器に盛る。

〈しょうゆ麹の作り方〉

1 ボウルに乾燥米麹200gを入れて手でもみほぐす。
2 しょうゆ1¼カップに熱湯1カップを混ぜて1に加え、しっかり混ぜ合わせる。
3 2を保存容器に移し、常温で1〜2週間おく(夏場は早くできる)。その間、1日1回かき混ぜる。とろみが出て麹の香りがし、指で麹が簡単につぶせれば完成。保存は冷蔵庫で3カ月。

塩豚と奈良漬け白髪ねぎ

奈良漬けがとてもいい役割りをした、粋な一品。

材料（作りやすい分量）
塩豚　100g
奈良漬け　30g
長ねぎ　½本
サラダ油（またはごま油）　大さじ1
煎り酒（139ページ参照）　大さじ1

作り方

1　塩豚は薄切りにし、1cm幅に切る。奈良漬けは薄く小さく切る。

2　白髪ねぎを作る。長ねぎは4cm長さに切り、縦に切り込みを入れ、芯（薄緑の部分）を取り、白い部分をせん切りにする。冷水にさらし水気をきる。

3　ボウルに1、白髪ねぎを入れ、サラダ油、煎り酒を加えて混ぜ合わせ、器に盛る。

〈塩豚の作り方〉

豚肩ロース肉400gに塩小さじ2弱をすり込み、保存袋に入れて冷蔵庫でひと晩おく。鍋に80度のたっぷりの湯を沸かし、室温に戻した豚肉を入れて沸騰させない火加減で40〜50分ゆで、そのまま冷ます。保存はゆで汁ごと冷蔵庫に入れて3〜4日。

いんげんのゴルゴンゾーラあえ

いんげんとゴルゴンゾーラチーズがマッチした気の利いた前菜です。

材料（作りやすい分量）
いんげん　10本
くるみ　大さじ2
ゴルゴンゾーラチーズ　40g
牛乳　大さじ1
塩、こしょう　各適宜

作り方
1　いんげんは塩（分量外）を加えた湯でほどよいかたさに色よくゆでて、ざるに上げて水気をきり、3㎝長さに切る。くるみは粗く刻む。
2　ボウルにゴルゴンゾーラチーズ、牛乳を入れて混ぜ合わせる。
3　2に1を加えてあえ、塩、こしょうで味を調え、器に盛る。

簡単ごま豆腐

葛を練って作る本格的なごま豆腐の味が、
練らずに簡単に作れます。
お客さまにお出しすると、
必ず作り方を聞かれるほど好評です。

材料（15×13・5×4・5㎝の流し缶1個分）
豆乳　2カップ
だし（182ページ参照）
　1カップ
板ゼラチン　13・5g
（水に浸けてふやかす）
練りごま（白）　大さじ3
薄口しょうゆ　大さじ1
わさび、薄口しょうゆ　各適宜

作り方
1　小鍋にだしを入れて中火にかけ、70～80度になったらふやかした板ゼラチンを加えて煮溶かす。
2　1に豆乳を加え、煮立つ前に火を止め、薄口しょうゆ大さじ1を加える。
3　ボウルに練りごまを入れ、2を少しずつ加えてよく混ぜる。
4　水でぬらした流し缶に3を流し入れ、冷蔵庫で2時間冷やし固める。
5　4を流し缶から取り出し好みの大きさに切って器に盛り、わさびをのせ、薄口しょうゆをかける。

第5章

大好きなデザート

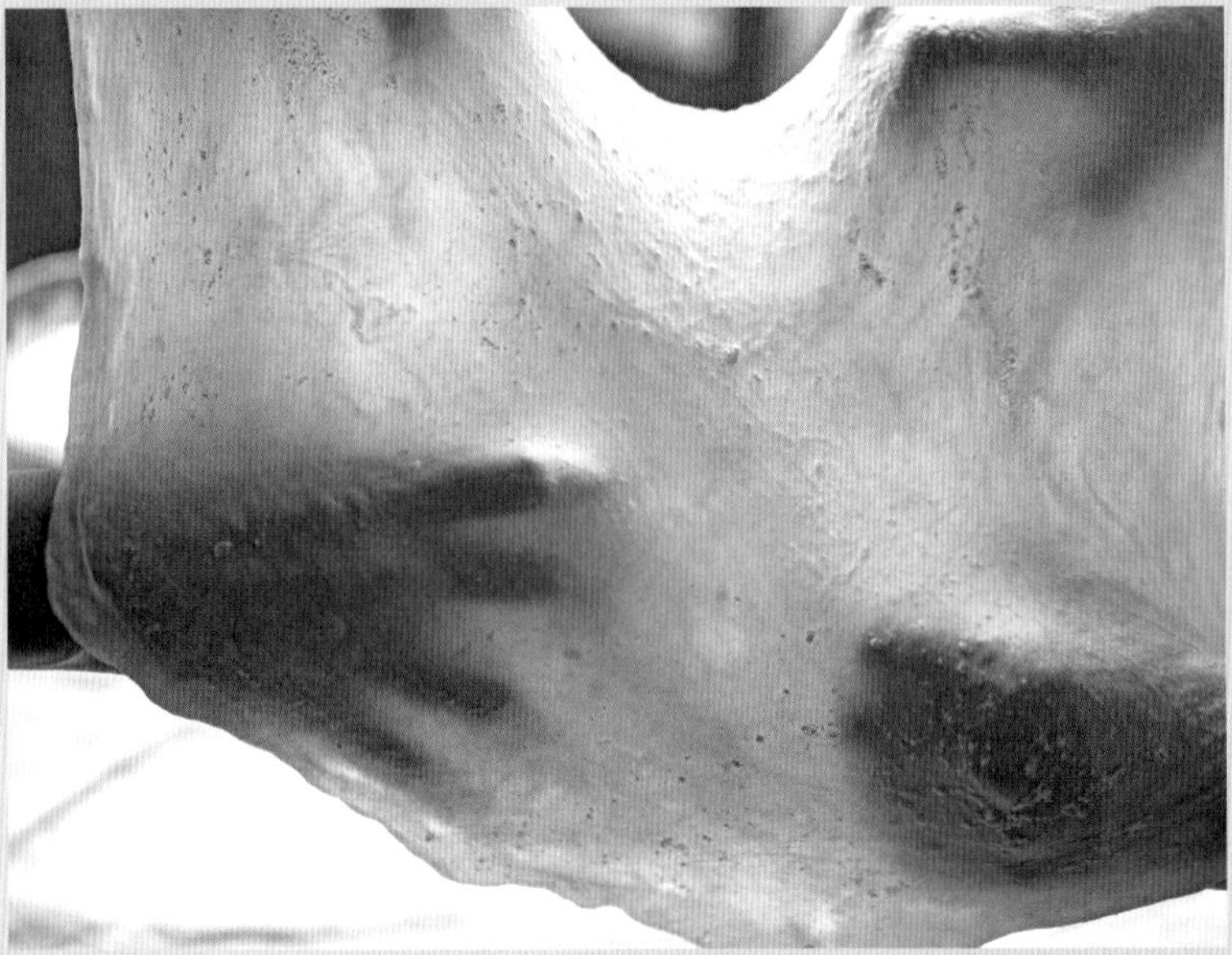

子どもと一緒にお菓子を作るのはなんと幸せなことでしょう。
アップルシュトゥルーデルの生地を薄く、
薄くのばす作業を娘はとても楽しんでいました。

私は甘いものが大好きです。ですからメニューを考えるときも必ずデザートを入れます。デザートを食べたときの満足感、幸福感は何にも代えがたいものです。洋菓子、和菓子、アイスなど、お気に入りのレセピが数えきれないほどあります。その中から食事の後にほっとするような、それでいておしゃれで、お茶の時間にも合うものを選びました。

見た目はちょっと難しそうですが、材料も作り方もとても簡単ですので、どうぞ好きなレセピを見つけてお楽しみください。

アップルシュトゥルーデル

オーストリアで親しまれているシュトゥルーデル。
ごくごく薄い生地でたっぷりのりんごを包んだ素朴なお菓子です。
二人で向かい合い、猫の手のように指を丸め、
手の甲で生地を少しずつのばしていく作業が楽しく、
「新聞の字が透けて読めるぐらい薄くね」と言って
娘が小さい頃よく一緒に作っていました。

材料（約35㎝長さ1本分）

生地

強力粉　100g

薄力粉　50g

水　75㎖

グラニュー糖　大さじ1

塩　小さじ¼

サラダ油　大さじ1½

りんごのソテー

りんご（紅玉）

3～4個（約500g）

三温糖　80g

バター　20g

レモン汁　大さじ1

パン粉　大さじ3

シナモン　大さじ1

レーズン　50g（熱湯にくぐらせて水気をきり、ラム酒大さじ2をかける）

アーモンドスライス（ロースト）

30g

溶かしバター　80g

粉糖、生クリーム　各適宜

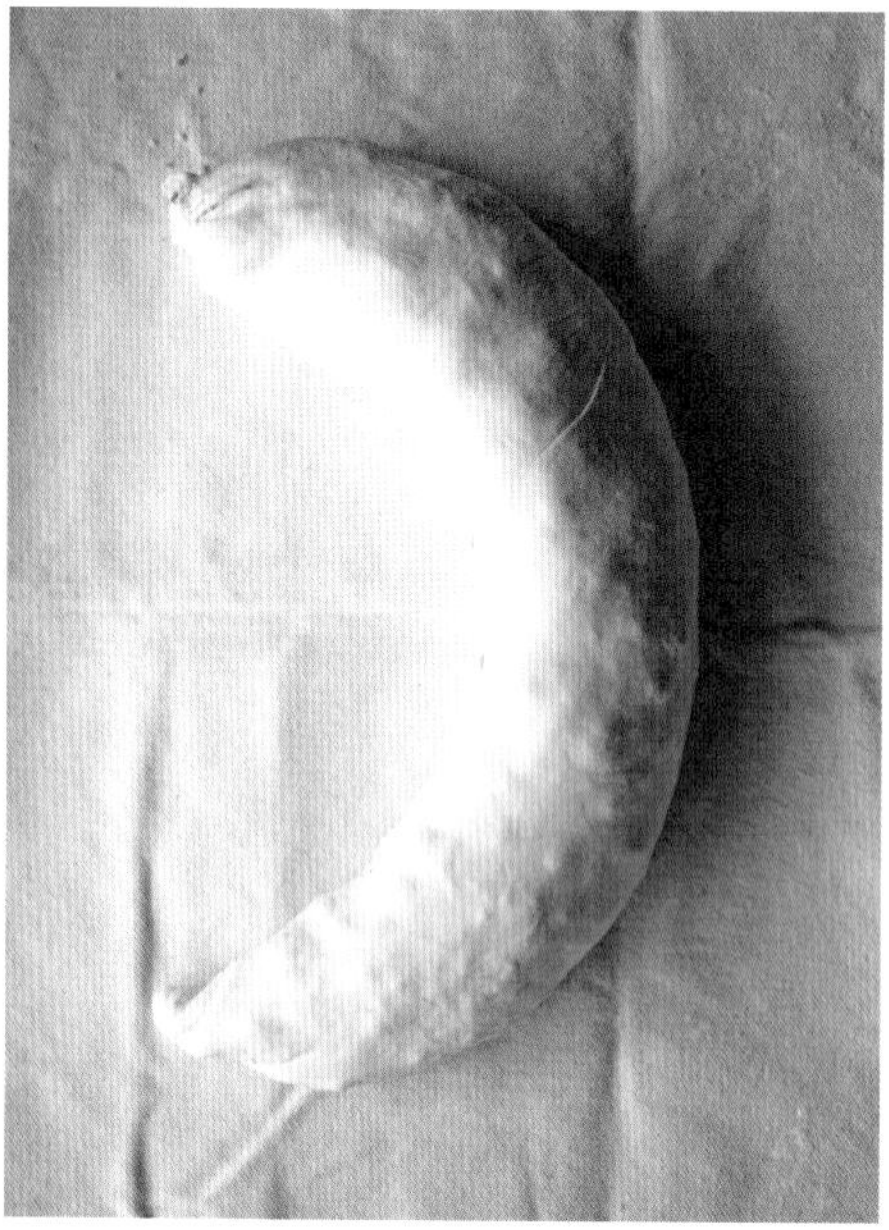

作り方

〈生地を作る〉

1　ボウルに強力粉、薄力粉を合わせてふるう。

2　別のボウルに水、グラニュー糖、塩を入れて混ぜ、粉の1/3を加えて泡立て器で混ぜ合わせ、サラダ油を加えてさらに混ぜる。

3　2に残りの粉を加えてよく混ぜ、粉気がなくなったら手でボウルに押しつけるようにして混ぜる。全体にまとまって表面がなめらかになってきたら丸めてビニール袋に入れ、冷蔵庫でひと晩または5〜6時間寝かせる。

〈りんごのソテーを作る〉

りんごは皮と芯を取り除き、8等分に切り3mm幅のいちょう切りにする。フライパンを強火にかけてバターを熱し、りんごを入れて炒め、三温糖、レモン汁を加えてりんごがすき通るまで炒める。

〈成形して焼く〉

1　大きめの布を広げて打ち粉(分量外)をし、生地を麺棒で30cm四方にのばす。

2　1を手の甲にのせ、破れないようにゆっくりと手をずらして50×60cmに薄くのばす(2人で作業すると楽しい)。

3　のばした生地に溶かしバターをハケで塗る。

4　生地の手前半分にパン粉を広げ、その上にりんごのソテーをのせ、シナモンをふり、レーズン、アーモンドスライスをのせる。

5　布を上に持ち上げて、のり巻きを巻くように巻いていき、巻き終わりを下にして両端の生地をねじるようにしてとめ、余分な生地をちぎって三日月形にする。

6　5をオーブンシートを敷いた天板にのせ、全面に残った溶かしバターをハケで塗り、200度のオーブンで30分焼く。

7　6の粗熱が取れたら粉糖をふり、切って器に盛り、6分立ての生クリームを添える。

＊　生地をごく薄くのばすのがポイント。パン粉がりんごの水分を吸ってくれます。

ミモザケーキ

ミモザの花に見立てた黄色いケーキ。
中身はふわふわのスポンジとカスタードクリーム。
娘の大好物で、学校から帰るとすぐに
夢中で食べていたのを思い出します。

材料（直径16㎝ 1台分）

スポンジ（直径21㎝ 1台分。
市販のものでも可）

卵　5個

グラニュー糖　160g

薄力粉　125g（ふるう）

溶かしバター　15g

カスタードクリーム

卵黄　4個

グラニュー糖　65g

牛乳　350mℓ

薄力粉、コーンスターチ
各10g

バニラビーンズ　¼本

作り方

〈**スポンジを作る**〉

1　型の底とまわりにオーブンシートをセットする。

2　ボウルに卵を溶きほぐし、グラニュー糖を加え、40度の湯をあてながら泡立てる。湯が冷めてきたら湯煎を外し、白っぽくなるまでしっかり泡立てる。

3　2に薄力粉を2〜3回に分けて加え、ゴムベラでさっくり混ぜる。

4　3に溶かしバターを加え、手早くむらなく混ぜる。

5　4を型に流し、台の上に落とし空気を抜く。

6　180度のオーブンで20分焼く。焼き上がったら、スポンジが縮まらないよう台の上に落とし空気を抜き、型から外す。網の上に置き、型を上からかぶせて乾燥しないようにし、冷ます。

＊　湯煎にかけることで細かく泡立ち、仕上がりがきめ細かくなります。

〈カスタードクリームを作る〉

1 鍋に牛乳、バニラビーンズの粒を入れ、中火にかけて温め、香りを移す。

2 ボウルに卵黄を溶きほぐし、グラニュー糖を加えてよく混ぜ、粉類を加えてさらによく混ぜる。

3 2に1を少しずつ加えてよく混ぜ、ざるで漉す。鍋に戻して中火にかけ、木べらでたえず混ぜながらしっかり火を入れる。すぐにバットに移し、平らにしてラップを張り、冷ます。

〈組み立てる〉

1 スポンジは横4枚に切り、カスタードクリームは⅔量を用意する（残りの⅓量は取りおく）。直径14㎝のボウルの内側にラップを敷き、スポンジ1枚をボウルにそって敷く。その上にカスタードを適宜のせ、上にスポンジを1枚のせをくり返す。ボウルからはみ出たスポンジは切り落とす。4枚目のスポンジでふたをして、冷蔵庫で2～3時間冷やす。

2 1をボウルから出してラップを取り、表面に取りおいたカスタードを塗る。

3 切り落としたスポンジの焼き色がついた部分を除いて粗めのざるで漉し、そぼろを作る。2のカスタードの上に、ミモザの花のようにつける。

＊ スポンジを横4枚に切るとき、ほどよい厚さの板（かまぼこの板など）を横に置いてガイドにすると水平に切れます。

＊ スポンジを細かくしたそぼろをミモザの花に見立てるため、焼き色がついている部分は中に使い（つぎはぎでもかまわない）、黄色のきれいな部分をそぼろにまわします。

オールドファッションストロベリーショートケーキ

日本のショートケーキの原型となった、昔のアメリカンスタイルのショートケーキ。サクサクのビスケットといちごのソース、生クリームのハーモニーが絶妙。一度食べたら忘れられない味です。

材料（6個分）

ビスケット
- 薄力粉　200g
- ベーキングパウダー　小さじ1
- グラニュー糖　¼カップ
- 塩　ひとつまみ
- バター　100g
（冷やしておく）
- 生クリーム　½カップ

いちごソース
- いちご　½パック
- いちごジャム　¼カップ
- キルシュ　小さじ2

生クリーム　½カップ

作り方

〈ビスケットを作る〉

1　ボウルに薄力粉、ベーキングパウダーをふるい入れ、グラニュー糖、塩を加えて泡立て器で混ぜ合わせる。

2　バターは1cm角に刻み、1に加え、手ですり合わせてボソボソにする。生クリームを加えて手で混ぜ合わせ、全体をさっくりまとめる。

3　台に打ち粉（分量外）をし、2を麺棒で1cm厚さにのばす。大小（直径6cmと5cm）の丸い抜き型で6個ずつ抜き、オーブンシートを敷いた天板にのせ、190度のオーブンで20分焼く。

〈いちごソースを作る〉

いちごはへたを取り、飾り用に6個取りおく。残りは小さく刻み、いちごジャム、キルシュと合わせて30分おく。

〈成形する〉

大きなビスケットにソースをのせ、小さなビスケットを重ね、その上に8分立てに泡立てた生クリームを添え、いちごを飾る。

＊　ビスケットの材料を混ぜ合わせるときにこねすぎないこと。

＊　生地を寝かさないのでサクサクに仕上がります。

フルーツグラタン

フルーツにアングレーズソースをかけて焦げ目をつけるだけの、簡単でとてもおしゃれなデザート。いちごはもちろん、他のフルーツでも楽しめます。

材料（4～6人分）
いちご　1パック
アングレーズソース
　卵黄　3個
　グラニュー糖　50g
　バター（無塩）　30g
　（室温にもどす）
　生クリーム　30g
　水　大さじ2
　グランマニエ　大さじ1

作り方
1　いちごはへたを取る。
2　アングレーズソースを作る。小鍋に卵黄、グラニュー糖を入れ、白っぽくなるまで泡立て器でよく混ぜる。
3　2にバター、生クリーム、水を加え、さらによく混ぜる。
4　3を湯煎にかけ、スパチュラで鍋の底全体をかき混ぜながら、とろみがつくまで加熱し、グランマニエを加える。
5　耐熱皿にバター適宜（分量外）を塗り、いちごを並べ4のソースをかけ、上火のオーブン（またはオーブントースター）で3～4分焼いて焦げ目をつける。
＊　いちごの中までは火が通らず、焦げ目がつく程度に仕上げます。
＊　キウイ、オレンジ、パイナップルなど、他のフルーツでもお試しを。

チョコレートのスフレロール

粉をまったく使わない、軽いスフレロール。
生地を巻くときに割れやすいのですが、この軽さには代えられません。
生クリームに入れる果物は季節に合わせてお好みで。
キャラメリゼしたアーモンドを砕いて加えても、
生クリームだけでもおいしいです。

材料（作りやすい分量）
ビターチョコレート　225g
インスタントコーヒー
　大さじ1（水85mlで溶く）
卵　5個（卵黄と卵白に分ける）
グラニュー糖　120g
生クリーム　1カップ
好みの果物（ブラックベリー、
　プラムなど）　適宜
粉糖　適宜

作り方

〈生地を焼く〉

1　ビターチョコレートを湯煎で溶かし、水で溶いたインスタントコーヒーを加えて混ぜる。

2　ボウルに卵黄、半量のグラニュー糖を入れ、泡立て器でもったりするまでよく混ぜ、1を加えて混ぜ合わせる。

3　別のボウルに卵白を入れ、残りのグラニュー糖を3回に分けて加え、ツノが立つまでしっかりと泡立てる。

4　3に2の⅓量を加え、混ぜてなじませる。残りの2を2回に分けて加え、そのつど手早く混ぜる。

5　天板にオーブンシートを敷き、4を中央から流し入れ四隅まで平らに広げ、190度のオーブンで12〜13分焼く。焼き上がった生地は、オーブンシートのまま天板から網に移し、室温になるまで冷ます。

〈成形する〉

生クリームを8分立てに泡立てる。生地に塗り、好みの果物をのせ、オーブンシートを利用して巻き上げ、粉糖をふる。

レアーチーズケーキ

水切りヨーグルトを使い、こくがあるのにさっぱりした味わいです。
ブラックビスケットとの組み合わせがおしゃれ。
長方形のセルクルで作るとまた違った印象になります。

材料（25×7×5㎝のセルクル1個分）
クリームチーズ　200g
グラニュー糖　80g
板ゼラチン　4・5g
ヨーグルト　400g
（無糖。水切りして200g）
生クリーム　1カップ
レモン汁　少々
ブラックビスケット　16枚
（クリームを除いたもの）
溶かしバター（無塩）　30g

作り方

1　ヨーグルトは水切りする（下記参照）。板ゼラチンは水（夏は冷水）に浸けてふやかす。

2　ブラックビスケットはビニール袋に入れ、細かく砕いて、溶かしバターを混ぜる。

3　セルクルより大きめの板の上にオーブンシートを敷き、中央にセルクルを置く。セルクルの底に2を敷き詰める。このとき、隅までしっかりクッキーを敷き、平らに押さえる。

4　ボウルにクリームチーズを入れて湯煎にかける。やわらかくなったらグラニュー糖を加えて泡立て器でよく混ぜ合わせる。

5　別のボウルにゼラチンと水大さじ2（分量外）を入れて湯煎で溶かし、4に加えて混ぜ合わせる。

6　5に水切りヨーグルト、生クリーム、レモン汁を加え、さらによく混ぜる。

7　3に6を流し入れ、パレットナイフで表面を平らにし、冷蔵庫で4時間冷やし固める。

8　しっかり固まったら、型とチーズケーキの間にナイフを差し込み、型から外す。

＊　ヨーグルトはなめらかなタイプがおすすめ。

＊　粉ゼラチンの場合は、大さじ2でふやかしてから使います。

〈水切りヨーグルトの作り方〉
コーヒードリッパーにフィルターをセットし、ヨーグルトを入れ、ラップをして冷蔵庫に。400gのヨーグルトなら2時間ほどで200gの水切りヨーグルトができる。

フローズンフルーツヨーグルト

こんなに簡単で華やかなデザートがあるでしょうか。
フルーツは、いちご、フランボワーズ、ブルーベリー、いちじくなどお好みのものを。
好きな量だけいただける、食後にぴったりのフルーツデザートです。

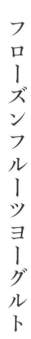

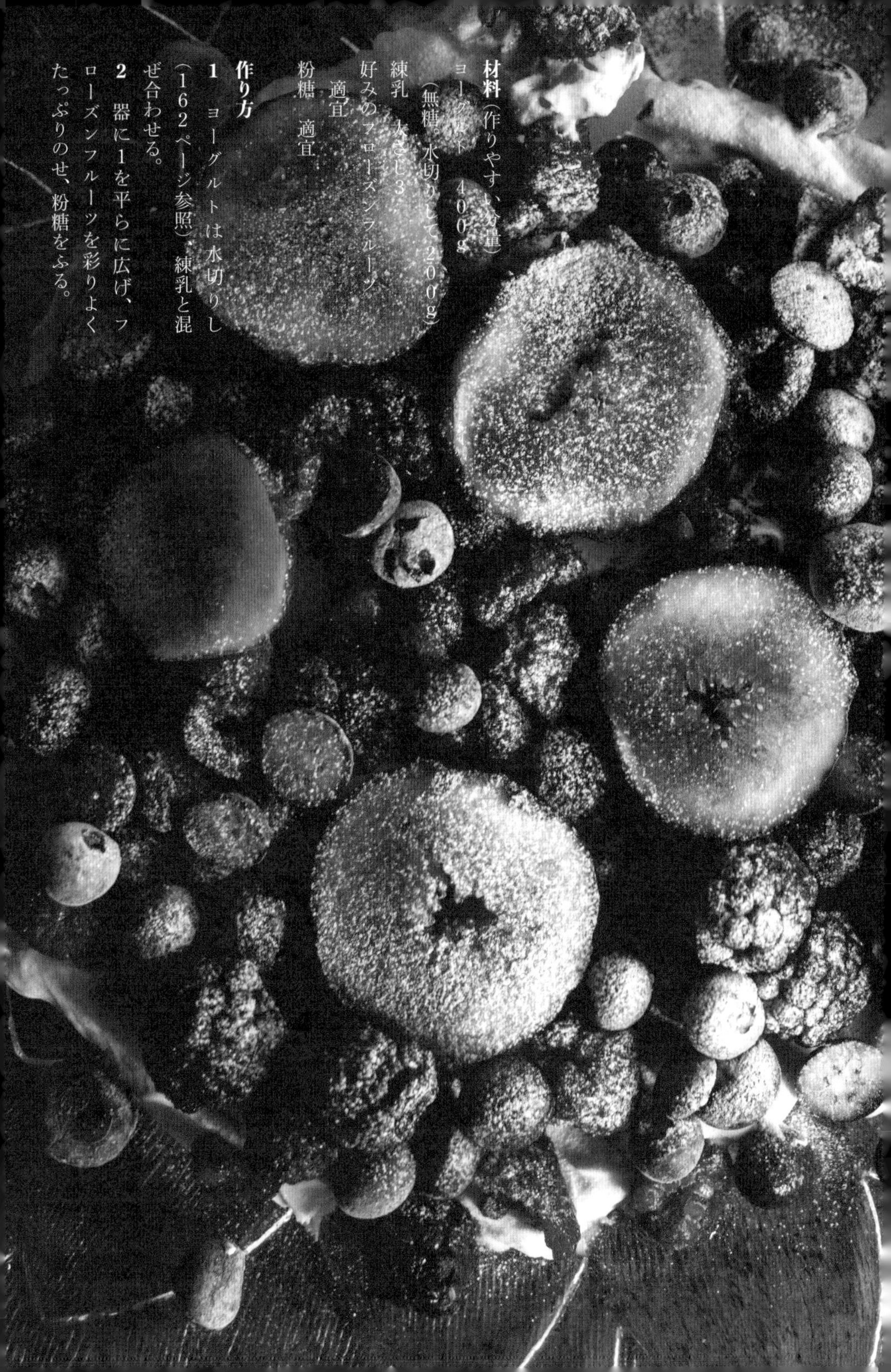

材料（作りやすい分量）

ヨーグルト　400g
（無糖。水切りして200g）

練乳　大さじ3

好みのフローズンフルーツ　適宜

粉糖　適宜

作り方

1　ヨーグルトは水切りし（162ページ参照）、練乳と混ぜ合わせる。

2　器に1を平らに広げ、フローズンフルーツを彩りよくたっぷりのせ、粉糖をふる。

ソルティドッグジュレ

カクテルをジュレにした、さわやかでおしゃれな大人のデザート。
グラスの口につけた塩が、グレープフルーツのほろ苦さを引き立てます。

材料（6人分）

- グレープフルーツの実　1個分
- グレープフルーツジュース　2½カップ
- グラニュー糖　80g
- 水　½カップ
- ウォッカ（または白ワイン）　¼カップ
- レモン汁　小さじ2
- 板ゼラチン　9g

A

- 塩　大さじ2（粒の細かいもの）
- レモンの皮（よく洗い、すりおろす）　½個分
- ライムの皮（よく洗い、すりおろす）　½個分

作り方

1 板ゼラチンは水(夏は冷水)に浸けてふやかす。

2 グラスの縁をレモンの切り口でぬらす。平皿に混ぜ合わせたAを広げ、グラスの縁を押しつける。

3 グレープフルーツは皮をむいて1房ずつ分け、薄皮を取って半分に切る。

4 小鍋に水、グラニュー糖を入れて中火にかけ、グラニュー糖が溶けたらゼラチンを加えて溶かす。ボウルに移し、グレープフルーツジュース、ウォッカ、レモン汁を加える。粗熱が取れたら3の実を加え、容器に入れ、冷蔵庫で2時間冷やし固める。

5 2に4をスプーンで崩しながら盛る。

ヨーグルトゼリーときんかん

練乳で甘みをつけたヨーグルトゼリーは、みんな大好きな味。
グラニュー糖とコアントローでマリネしたきんかんをのせて。
季節のフルーツやジャムを添えるだけで、気の利いたデザートになります。

材料（6人分）
ヨーグルト（無糖）　2カップ
牛乳　1カップ
練乳　大さじ4
板ゼラチン　6g
きんかん　6〜10個
グラニュー糖　大さじ3
コアントロー　大さじ2

作り方
1　板ゼラチンは水（夏は冷水）に浸けてふやかす。
2　小鍋に牛乳を入れて弱火にかける。ゼラチンを加え、溶けたら練乳を加えて混ぜ、火から下ろす。
3　2の粗熱が取れたらヨーグルトを加えてよく混ぜ、器に流し入れ、冷蔵庫で2時間冷し固める。
4　きんかんは、6〜8等分の乱切りにして種を取ってボウルに入れ、グラニュー糖、コアントローをまぶし、冷蔵庫で2時間冷やす。
5　3の上に4をのせる。

栗のプリン

市販のマロンクリームを使って手軽に作れるプリン。濃厚で、こくがあり、手作りとは思えない味わいです。

材料(6人分)
マロンクリーム(市販)
250g
卵 3個
生クリーム ½カップ
牛乳 ½カップ
ラム酒 大さじ1〜
キャラメルソース
—グラニュー糖 50g
—水 大さじ5

作り方
1 ボウルにマロンクリームを入れ、生クリーム、牛乳を加えて泡立て器でよく混ぜる。
2 1に溶きほぐした卵、ラム酒を加えてよく混ぜる。
3 2を器に流し入れ、蒸気が上がった蒸し器に入れる。最初は強火で蒸し、表面が白っぽくなったら弱火にし、30分蒸す。
4 キャラメルソースを作る。小鍋にグラニュー糖、水大さじ2を入れて中火にかける。グラニュー糖が溶け、気泡が小さくなり、煙が出てきつね色になったら火から下ろし、すばやく残りの水を加え、鍋を動かしてキャラメルをゆるめる。
5 蒸し上がった3にソースを注ぐ。
＊ キャラメルソースはきつね色になるまでしっかり加熱します。火を止めて水を加えることでほどよい濃度になります。

バナナのパルフェ

手軽な材料で、一年中、家庭でおいしいアイスが作れます。
子どもたちにおいしいアイスをたっぷり食べさせたいと思って考えたレシピ。
加熱したバナナの甘みにオレンジジュースのさわやかさが加わって、
手作りとは思えない味。ついついお代わりしてしまいます。

材料（作りやすい分量）
完熟バナナ（大） 2本
オレンジジュース
（果汁100％） 1カップ
生クリーム 1カップ
三温糖 50g
レモン汁 大さじ1
コアントロー 大さじ2
バナナチップ 適宜

作り方
1 バナナは2cm厚さに切る。ボウルに入れてレモン汁をまわしかけ、三温糖をまぶす。
2 フッ素樹脂加工のフライパンを中火にかけ、1を入れ、木べらで混ぜながら加熱する。バナナが少し崩れてきたら火から下ろす。
3 フードプロセッサーに2を入れ、なめらかになったらボウルに移し、オレンジジュース、コ

アントローを加えて混ぜる。
4　生クリームを6分立てに泡立て、3に加えて混ぜ合わせて容器に入れて冷凍庫で冷やし固める。器に盛り、バナナチップを添える。
＊　冷凍の途中で1〜2回かき混ぜるとソフトな口当たりになります。
＊　子ども用にはコアントローを除いても。

いちごと豆乳甘酒の甘味

体にやさしい甘酒と豆乳を使ったデザート。
いちごを並べて華やかに。
甘酒は炊飯器で手軽にできるので、ぜひ手作りを。

材料（15×13・5×4・5㎝の流し缶1個分）

豆乳甘酒のゼリー
- 豆乳　1カップ
- 甘酒（市販のものでも可）　½カップ
- 砂糖　大さじ3
- アガー　10g

いちごゼリー
- いちご　⅔パック
- 砂糖　大さじ3
- アガー　10g
- レモン汁　小さじ1
- 水　1カップ

作り方

1　豆乳甘酒のゼリーを作る。小鍋に砂糖、アガーを入れて混ぜ合わせる。豆乳、甘酒を加えて中火にかけ、混ぜながら沸騰直前まで温め、アガーが溶けたら火から下ろす。粗熱が取れたら水でぬらした流し缶に流し入れ、冷蔵庫で30分冷やし固める。

2　いちごゼリーを作る。いちごはへたを取り、大きければ半分〜4等分に切る。

3　小鍋に砂糖、アガーを入れて混ぜ合わせる。水を加えて中火にかけ、混ぜながら沸騰直前まで温め、アガーが溶けたら火から下ろす。粗熱が取れたらレモン汁を加える。

4　1の上にいちごを並べ、3が温かいうちに流し入れ、冷蔵庫で30分冷やし固める。

〈甘酒の作り方〉

1　米1合はとぎ、4倍量の水で通常通りに炊飯器で炊く。

2　ボウルに乾燥米麹200gを入れて手でもみほぐし、60度の湯1カップを入れ、よく混ぜ合わせる。

3　ご飯が炊けたら60度まで冷まし、2を加えてよく混ぜ合わせる。

4　布巾を二重にして釜の上にかぶせ、ふたをする（ふたが開かないように重石をする）。炊飯器を保温に設定し6時間おく。

＊　甘酒の粒が気になる場合は、フードプロセッサーでなめらかにしてから使います。

＊　市販の甘酒は甘さも形状も違うので、お好みのものを。

黒糖しょうが羹

黒糖のこくのある甘さに、しょうがのさわやかさを加えたのど越しのいい夏の甘味。

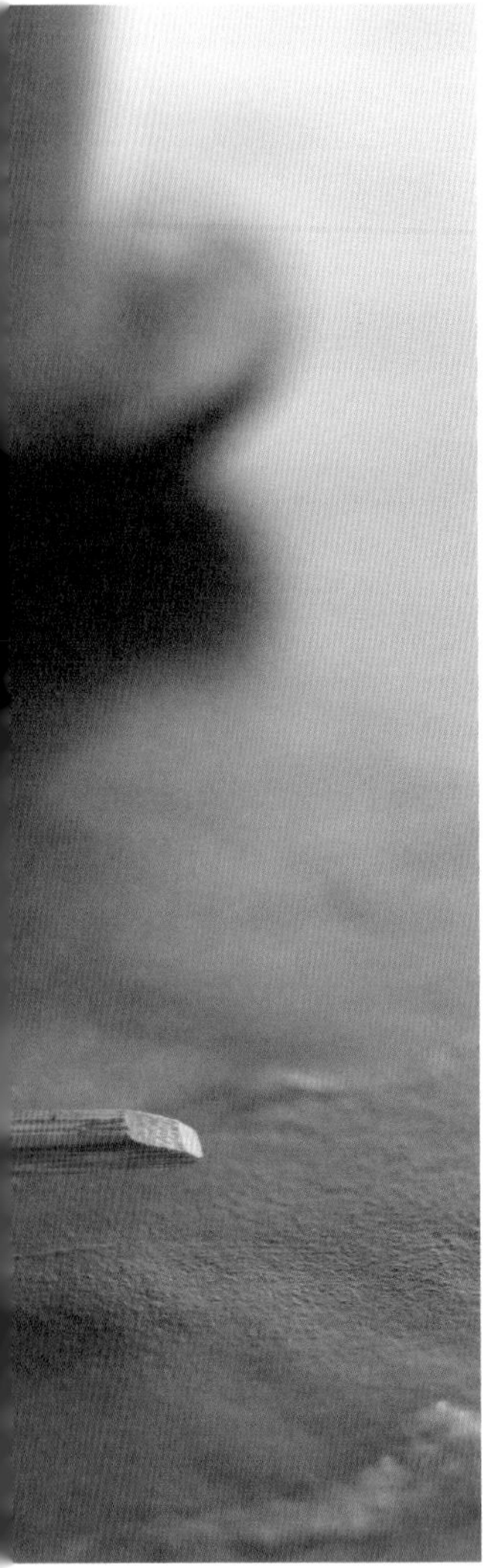

材料（15×13・5×4・5㎝の流し缶1個分）

黒糖　130g
黒みつ　大さじ3
水あめ　大さじ2
しょうが汁　大さじ1
粉寒天　5g
水　3カップ

作り方

1　小鍋に水、粉寒天を入れてよく混ぜ、中火にかける。

2　ひと煮立ちしたら黒糖を加えて1～2分混ぜ、黒糖が溶けたら黒みつ、水あめ、しょうが汁を加えてよく混ぜる。

3　火から下ろし、水でぬらした流し缶に流し入れ、粗熱が取れたら冷蔵庫で2時間冷やし固める。

4　流し缶から取り出し好みの大きさに切り、器に盛る。

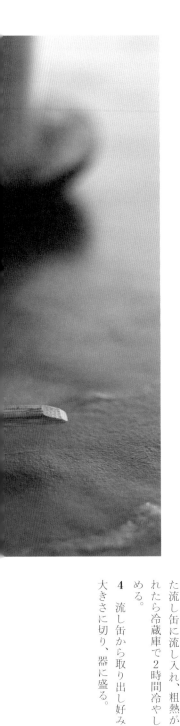

蒸し菓子2種

蒸しカステラとも呼ばれる「浮島」。
名前の由来は蒸してふくらんだ様子が水面に現れた浮島のようだから。
市販のあんを使えば、ボウルに材料を混ぜていくだけで簡単に作れます。

白あんの浮島　きんかんソース添え

黒糖浮島

こしあん入りの生地を蒸し上げたしっとりとした和菓子。黒糖の風味は、日本茶はもちろんコーヒーとの相性も抜群。

材料（15×13・5×4・5㎝の流し缶1個分）
卵　2個
こしあん（市販）　200g
黒糖　50g
薄力粉　大さじ3
重曹　小さじ½
サラダ油　大さじ1

作り方
1　ボウルに卵を溶きほぐし、こしあんを加えて泡立て器でよく混ぜ、黒糖を加えてさらによく混ぜる。
2　薄力粉、重曹を合わせ、1に加えてよく混ぜ、サラダ油を加えてさらによく混ぜる。
3　流し缶にオーブンシートを敷き、2を流し入れる。蒸気の上がった蒸し器に入れ、ふたをずらして強火で10分、弱火で20分蒸す。
4　3の粗熱が取れたら流し缶から取り出し、好みの大きさに切り、器に盛る。

白あんの浮島　きんかんソース添え

浮島を白あんで。
しっとりして、やさしい口当たりの生地に、
きんかんソースがよく合います。

材料（15×13・5×4・5㎝の流し缶1個分）
卵　2個
白あん（市販）　200g
薄力粉　大さじ2
ベーキングパウダー　小さじ½
サラダ油　大さじ1
きんかんソース　適宜

作り方

1　ボウルに卵を溶きほぐし、白あんを加えて泡立て器でよく混ぜる。

2　薄力粉、ベーキングパウダーを合わせ、1に加えてよく混ぜ、サラダ油を加えてさらに混ぜる。

3　流し缶にオーブンシートを敷き、2を流し入れる。蒸気の上がった蒸し器に入れ、ふたをずらして強火で10分、弱火で20分蒸す。

4　3の粗熱が取れたら流し缶から取り出し、好みの大きさに切り器に盛り、きんかんソースを添える。

〈きんかんソースの作り方〉

きんかん200gは、1粒を4等分ぐらいの乱切りにし、種を取り除く。鍋に入れ、砂糖70g、レモン汁大さじ1を加え、中火にかけて10分煮る。

＊　清潔にした保存容器で、冷蔵庫で4〜5日保存できる。
＊　きんかんソースを炭酸で割り、ローズマリーなど好みのハーブを加えれば、さわやかなきんかんドリンクに。
＊　重曹は生地に色がつくのでここではベーキングパウダーを使います。

おいしい料理の基本

だしとチキンブイヨンを丁寧に取ると、料理はぐんとおいしくなります。
だしは一番、二番と区別せず、わが家では一・五番だし。
汁ものにも煮ものにも使っています。チキンブイヨンは野菜のうまみもたっぷりと。
洋風のスープや煮込み料理がいっそう深みのある味わいになります。

だし

鍋に水1ℓと昆布10gを入れ、弱火にかけてゆっくり加熱する。昆布が倍ぐらいの大きさになって泡が出てきたら、沸騰する前に削り節20gを加え、弱火で5分、煮立たせないように煮る。布巾かペーパータオルをのせたざるで漉し、軽く絞る。

＊ 強く絞ると雑味が出るので注意。

チキンブイヨン

煮立った湯に鶏がら1羽分と鶏手羽5本を入れ、再び煮立ったら取り出して流水でよく洗い、汚れを取る。鶏がら、鶏手羽を鍋に戻し、水2ℓ、にんじん（小）1本、玉ねぎ（中）1個、セロリ½本、ローリエ1枚を加えて強火にかけ、煮立ったらアクを丁寧に取り、弱火にして1時間煮込む。鶏がら、鶏手羽、野菜を取り出し、布巾かペーパータオルをのせたざるでスープを漉す。

＊ 煮込むときに沸騰させるとブイヨンが濁るので注意。

野村さんちの食卓では、ときどき奇跡が起こる

佐伯　誠

帰ってきて、ランドセルを背負ったまま、冷蔵庫に一直線。扉をひらいて、のぞき込む女の子がいる。その日、そこにあったのは、ミモザケーキだったから、たいへん！

友里さんは、回想しながら、どんどん子どもになっていく。まるで、うさぎ穴をのぞき込むアリスみたいに、世界のことなんかお構いなしの、ぴょんぴょん少女だ。

秘密にしていたいたずらをしゃべってしまったことを、恥ずかしそうにしてはいたものの、ウットリつぶやいた。

「うれしいでしょ！　絵本みたいでしょ！」

外からは見えないが、石段を上がるとこんもりとした木々が繁っていて、いきなり森の中にいた。右手は小さな花屋で、左にeatripが並んでいる。eatripは、料理人の野村友里さんが主宰するレストランだけれど、旅先でみつけた旅籠のようなぬくもりがある。あえてジャンル分けをしたくない秘密めいた空間だ。

友里さんとは、前に一度会ったことがある。ミュージシャンの青柳拓次が撮った沖縄の写真の個展でだった。友里さんは、顔を擦りむいていて、絆創膏を貼っていた。なんでも、自転車で走っていたら、急停車したクルマのドアがあいたのだという。『チャイナタウン』のジャック・ニコルソンみたいだ。

そのことをいうと、見られたかという顔をした。

そこに、スッとお母さまの紘子さんがあらわれた。

つぎつぎと料理がならんだ。大きな器にたっぷりとした量がもられている。ふつう、量が多いと、食べろとおしつけられている気分になるけれどまるでそういうことがない。ここにいない人の分までちゃんと用意されているようで、その場がにぎやかになる。

紘子さんの料理を食べることは、野村家の大きな食卓につくことで、ひっそりむっつりなんかしていられない。いつのまにか、うねるような交響曲を奏でるオーケストラの一員になっている！　もちろん、指揮をするのは紘子さんだ。

舌先だけのグルメ談義では済まない、からだぜんぶ、身も心も攫《さら》われる。む

かし、俳優のリチャード・バートンがパブの魅力について語って、すばらしい表現をした。

「なぜ、パブがすばらしいかって？　それは、conviviality ってものがあるからだよ」

いっしょにいることの歓び、ひとりじゃないという感覚、つまり共生感ということだろうか。

紘子さんの料理には、かしこまって評するなら、その conviviality がある。


とにかくお客の多い家庭だったようで、友里さんも、その弟の訓市さんも、紘子さんの料理のことを話すときに、それを食べに来た友だちのことを話すことになる。cocco（紘子さん）の、あれが食べたい、あれが忘れられない、というたくさんの人たちがいる。訓市さんも、友だちを連れてくるとかならず、アレ食べさせてよ！　と注文をつけるらしい。そのアレというのが、花わさびの漬物（がんす漬け）だというのもなんだか意表をつかれた。

野村訓市さんといえば、あの黒い本『sputnik』を思い浮かべる。26歳の青年が世界中をまわって会いたい人に会い、思いがけない人に出くわし、その感動をギュッと圧縮して一冊にした。とびきりトンガッテた。その訓市さんが漬物！

野村家の子どもの育て方について、あるいは育ち方について、わざわざ聞かなくてもいいだろうと思う。外は嵐が吹きすさぶ晩でも、cocco の食卓にはあたたかな一皿が湯気を立てていて、笑い声がはじけていただろう。どんなに逆らっても、風は太陽にかないっこないのは、子どもでも知っている。

（きっと、嵐って、そのあとに朝日がのぼってくるだけのためにあるんじゃないか、ってムーミンだったか？）

紘子さんは、なんどか「たっぷり」というコトバを口にした。ひさしく耳にしなくなったコトバだ。大きな木に枝もたわわに稔っている果実……、打ち寄せる波……、光にかがやく麦畑……、パレットにもりあがった油絵の具……、そこにあるのは見返りをのぞまない大らかな贈与だ。

大らかさ、惜しげもなく与えること、それにもう一つ。

お腹をすかせた人に最上のもてなしは、サッと供すること。すばらしく手際がいいのは、子どもたちの友だちが来る、知り合いが来る、知らない人も来る、という客の多い野村家ならではの流儀だろう。

スピーディだけれど、はしょらないのが肝心。

サッと出す、けれど、ちゃんとした器で供する。友里さんは、ちゃんと遇されていることを感じた客の表情がサッとかがやき、その場の空気が変わるのを、いくどとなく見てきたという。

まるで、魔法みたいだね。

そうかもしれない。料理には目に見えないものが入ってるのよ。信じる？

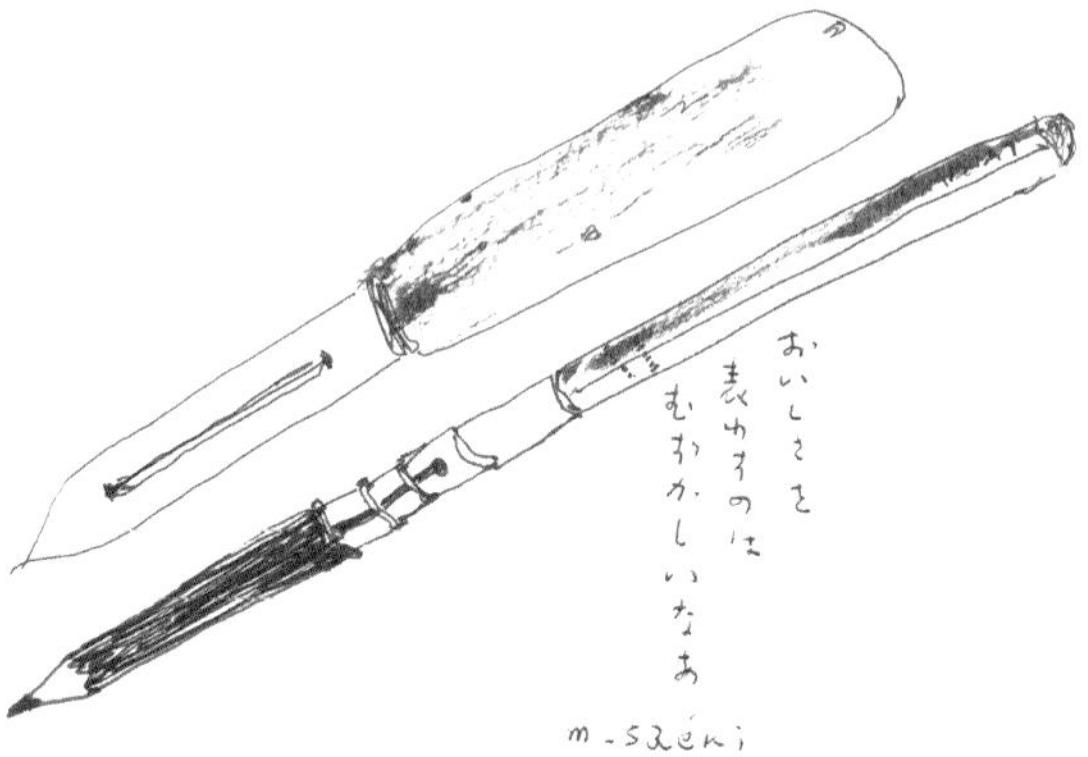

料理名索引

- さっとできる料理
- 持ち寄り、お弁当に
- 多めに作って冷凍しても

た

は

おわりに

祖母と母からは料理を通して精神的なことも学びました。父には論語の中の「忠恕」という言葉を色紙にしたためてもらいました。自分の良心に忠実であること、人に対して思いやりの心を持つことの大切さを説いていています。

私は、父のこの言葉や、祖母や母の教えを胸に、今日までつつがなく好きな料理を作り続けて、豊かで幸せな人生を送ることができたと感謝しています。

最後に、この本を出すにあたり、多くの方の協力をいただきました。美しい料理を撮ってくださった伊藤徹也さん、きれいなレイアウトに仕上げてくださった須山悠里さん、すてきな文章とイラストを寄せてくださった佐伯誠さん、初めから編集に携わってくださった増本幸恵さん、誠文堂新光社の久保万紀恵さん、校閲の藤吉優子さん。本当にありがとうございました。

そして陰で支えてくれた家族に感謝します。

二〇二〇年　弥生　吉日　野村紘子

野村紘子　のむら・ひろこ

茶道や華道を通して学んだ日本の文化を大切にし、
料理上手で人をもてなすことが大好きだった母から、多くを学ぶ。
センスある料理やおもてなしは、若い世代の人たちにも人気。
雑誌『ミセス』『暮しの手帖』などで活躍。
著書『娘へ継ぐ味と心 消えないレセピ』（文化出版局）は、
グルマン世界料理本大賞２０１６にてグランプリを受賞。
娘の料理人・野村友里は
東京・神宮前のrestaurant eatrip、表参道・GYRE 4階の
グローサリー&エクスペリエンスショップeatrip soilを運営。
息子の野村訓市は編集者・デザイナーとして国内外で活躍。
またウェブサイトJOURNAL EATRIPでは、
〝cocco（コッコ）〟の愛称で、四季折々のレセピを紹介している。
www.babajiji.com

撮影　伊藤徹也
調理アシスタント　金澤雅子、田島加代子
デザイン　須山悠里
イラスト・寄稿　佐伯誠
校閲　藤吉優子
編集　増本幸恵、久保万紀恵（誠文堂新光社）
協力　野村友里、野村訓市
撮影協力　restaurant eatrip

祖母《そぼ》や母《はは》に学《まな》び、世代《せだい》を越《こ》えて喜《よろこ》ばれる味《あじ》
受《う》け継《つ》ぎたいレセピ

NDC596

2020年3月10日　発　行
2021年11月5日　第4刷

著　者　野《の》村《むら》紘子《ひろこ》
発行者　小川雄一
発行所　株式会社　誠文堂新光社
〒113-0033
東京都文京区本郷3-3-11
電話03-5800-5780
https://www.seibundo-shinkosha.net/

印刷所　株式会社　大熊整美堂
製本所　和光堂　株式会社

ISBN978-4-416-71903-9